ふり返る祈り

神に問い　耳を澄ませる

斉藤善樹［著］

いのちのことば社

ふとした折に　気づくことがある
自分にはこんな思いがあったのかと

ひょんなことから　見つけてしまった
人と関わることの驚きと　ふしぎ

神様に問いかけ　文句を言い
すがり　懇願し――

祈りの中で
ふり返る

目次

不安と恐れ

神様、私は何を恐れているのでしょう。先が見えない不安でしょうか。人から批判される恐れでしょうか。自分が傷つけられる恐れでしょうか。その恐れゆえに、私の心は縮こまり、さまざまなことを先延ばしにしています。主よ、すべてはあなたの御手の中にあります。どうぞ、あなたとともに今、私の道を歩ませてください。恐れなく一歩一歩前に進ませてください。一歩進むごとに、あなたの励ましと慰めがそこにあります。

本当は私たちは何が恐いのでしょう。真に恐れているのは何でしょうか。心の恐れの大きな部分は、人への恐れによって占められています。それは人があなたを見る目であり、あなたを評価する声です。人は自分がどのように見られているか、気になります。彼らを満足させるようなものを自分は持っているだろうか、気になります。自分は人に批判されないような行動をとっているだろうか。

あなたは大きな声で人から怒鳴られたことがありますか。悪口を言われたことがありますか。無視されたことはありますか。叩かれたり殴られたりしたことはあるでしょうか。人間はそういうことに麻痺することはあっても、慣れるなんてことはありません。そのたびにあなたの自尊心は傷ついています。そして人への恐れが蓄積されます。

批判はあなたを傷つけます。建設的な批判でさえあなたを落ち込ませるなら、憎しみと怒りをぶつけるような非難はどれだけあなたを傷つけることでしょう。ある人が苦手ですか。その人の姿を見ると不安になりますか。その声はあなたを動揺させますか。その人のあなたへの評価が、あたかもあなたの存在価値を決定するように感じていますか。その人から愛されないなら、あなたは自分に価値がないように感じているのではありませんか。その人があなたのことを喜ばないならば、あなたのしていることは無意味だと感じるのですか。あなたは不本意ながらも彼らにへつらう言葉や態度を取ったりします。その後、惨めな気持ちになるのです。

あなたの恐れているのは、そのような人の目や声があなたを無価値にすることなのです。あなたは時に怒ったり、言い返したりします。けれども空虚感は残ります。

あなたは幼いとき、親に叱られたことがありますね。どんな気持ちだったでしょうか。

それはそれは悲しく、親に愛されていないかのように打ちのめされたのではないでしょうか。何とか親に愛されたい、喜ばれたいと思うけれどそれができない自分に悩んだことはないでしょうか。あなたはいつでも人から愛されること、喜ばれることを望んできました。けれども、もしあなたがその願望だけに自分の人生を終始させていたら、その願望以外のことはできなくなってしまいます。

あなたは日ごとに、まず、神様によって愛されていることを知らなければなりません。神のあなたへの愛は、人の非難や褒め言葉に関係なく、絶えずあなたに注がれ、あなたがあなたであることを神は喜ばれています。そしてあなたは、人を喜ばせることよりも神の喜ばれることを優先するように望んでおられます。あなたは人の言葉に真摯に耳を傾けなければなりません。けれども人の言葉が、神のあなたへの愛を揺るがすことはありません。

私たちは時に、はっきりとものを言うべきことがあります。人にとってはあまり聞きたくないことを敢えて話さなければならないときがあります。人に喜ばれること、愛されることを常にあなたの優先事項にしていたならば、人があまり喜ばないことは語れないでしょう。

私たちは人の目の中の塵をとやかく言う前に、自分の目の中の梁を何とかしなければならないことは事実です。けれども聖書は、知恵を尽くしてお互いの過ちや罪を戒めることを命じています(コロサイ3・16)。ですから、私たちは自分への忠告を素直に受け入れつつ、神からの愛を土台にして、愛をもって語るのです。あなたが最も見据えなければならないのは、あなたのうちにある恐れの心そのものです。

もう一度お聞きします。あなたが本当に恐れているものは何でしょうか。

恐れるな。わたしはあなたとともにいる。
たじろぐな。わたしがあなたの神だから。

イザヤ書41章10節

決められない

神様、私たちは日々、さまざまな決断をしなければなりません。単純なものから複雑なもの、自分だけに関わることや他のたくさんの人々も関わってくる決断もあります。慎重になればなるほど、決めることが難しくなります。だれかほかの人に決めてもらって自分はその責任から逃れたいとも思います。主よ、私に冷静な心を与えてくださり、いったい何を決めようとしているのか見定めさせてください。できる限りあなたのみこころを行う決断をすることができますようにお導きください。

決められないことで悩んだことはありますか。今あなたは迷っていますか。あなたは自分が優柔不断だと思いますか。何事も的確な判断をし、即座に決断を下せる人にあこがれますか。なぜ決断することを躊躇するのでしょう。自分の決断が誤っていることを恐れるのでしょうか、それとも決断の責任を負うのが怖いのでしょうか。あなたは自分の決断について自信がありません。だから、だれかの考えが強く反映することが多いのです。自分で本当によく考え祈った判断であるならば、確かにあなた自身の決断です。けれどもあなたは、自分で考えて決めるということを避けているのかもしれません。あなたに代わって、だれかに決めてほしいと思っています。

あなたは心優しく慎重な人かもしれません。だれも傷つけたくないのです。あなたは人の意見を丁寧に聞くので、それぞれの言い分には正当な理由があることが分かります。どれも正しいのです。だから、どちらか一方を選んで一方を切り捨てることはできません。もともと日本人は決断することが苦手なのかもしれません。日本では個人主義の伝統がありませんから、個人が物事を決めることはあまり優先されてきませんでした。「僕は優柔不断だから……」などと日本人が普段よく使う「優柔不断」という言葉は、日本独特のもののようです。この言葉を十分に表現する英語は見当たりません。日本には昔から、「カミサマの言うとおり……」などとやって決めることがありますね。それは決めるという責任を回避しようとしているように見えます。

クリスチャンは神様のみこころがなるようにと祈ります。けれどもそれは、自分で考える責任を放棄することではありません。神様のみこころというものがおみくじのように出たり、コンピューターから出力されるようなら楽ですよね。けれども、どうやら神様のみこころというのは、私たちが考えて祈るスペースが含まれているようです。

「使徒の働き」にこんな記事があります（1・21〜26）。使徒は主イエスによって十二人が選ばれていましたが、ユダがいなくなり一人欠けてしまいました。それで一人補充するということになったのですが、最終的にはくじを引いて神様のみこころを問いました。けれども初めから百二十人全員のくじを引いたのではありません。まず彼らは二人の候補者を選びました。マッテヤとユストです。信仰、人格、経験がよく吟味されたのだと思います。その後にくじを引きました。最終的に人為的な意図が入らないようにしたのでしょう。マッテヤが当たりました。投票にしてもよかったかとも思いますが、優劣つけがたい二人を人間が選ぶという形になれば、後になって人間関係のしこりを残した可能性もあります。マッテヤが選ばれたことについてはいろいろ議論もあるでしょうが、大切なことは、彼らが神のみこころを問うときに人為的な作業を怠らなかったということです。十分に考え、祈り、話し合って二人を選び、最終的に神にゆだねたのです。

神様のみこころが自動的に分かれば私たちは随分楽になるかもしれません。受験や就職で悩んだとき、教会の進むべき道に悩んだとき、教会堂を建てるべきかどうか決断するとき、占いやクジのように答えが出たら楽でしょう。けれども神様のみこころは、あなたに預けられた魂と精神を用いて、考え祈りつつ決断を持つことなのです。そしてそれを神様にゆだねることなのです。後になって自分の決断を修正することもあると思います。それは大切なことです。それも神様の計画の中に含まれています。祈りつつ、神様にゆだねつつ、下した決断を神様は祝福してくださるのです。

あなたの道（決断）を主にゆだねよ。
主に信頼せよ。主が（それを）成し遂げてくださる。

詩篇37篇5節

愛がない？

神様、私たちは愛のない人、配慮のない人を批判します。こちらが傷つけられたことを怒ります。けれども、自分自身の配慮のないことには気がつかないでいます。主よ、同情心だけで終わるのではなく、それを行動に移させる決断力と勇気とをお与えください。神様がこの世界を愛されたときに、遠くから眺めていたのではなく、そのひとり子をお送りくださったように、私たちも家族に、友人に、教会に、世界に、手を差し伸べる信仰をお与えください。

配慮が足りない！　愛がない！　これは痛烈な批判になりえます。ところが他人を批判するその言葉は、そのまま自分に返ってくる諸刃の剣です。

配慮が足りないのだと、私たちはさまざまなところにこの批判をぶつけます。国や町に対しては、「人のニーズが分かっていない、現場が分かっていない！」上から目線の行政だと批判します。さらに学校や職場、そして教会にも「愛が足りない！」と、その矛先を向けます。むろん世の中には従業員や学生、現場で働く人たちへの配慮に欠けているところが少なくありません。声を出して改善していかなければならないでしょう。

さらに私たちは、もっと身近な存在である友人や家族にもこの批判をぶつけます。誕生日を忘れられた。置いてきぼりにされた。約束をすっぽかされた。優しい言葉をかけてくれない。配慮のある行動をとってくれない。期待していないつもりでも、がっかりして傷つくこともあるでしょう。傷つくから怒るのです。

私たちは何に傷ついているのでしょうか。おそらく、自分は愛されていないという失望感に心が占められるのです。相手は、あなたの傷に全く気づいていないかもしれません。あなたの気持ちを深く読むことができないで、つい言葉が出てしまったか、あるいは出なかったのかもしれません。あるいは精いっぱいの言葉をかけたつもりでも、どこかずれてしまったのかもしれません。それが、自分は愛されていないという闇の中に私たちを放り込むのです。そこから言い知れぬ悲しみ、寂しさ、怒りがうずいてきます。

時にそれが他者への攻撃となりますから、人はますますあなたから遠のき、「愛されない感」は倍増されます。人は完全ではないと分かっていても、それが垣間見えたとき、がっかりするのです。見すごされても、忘れられても、寛容な気持ちで「お互いさま」と言えればよいのですが、そのときは泥沼です。

あなたは過去のどこかで、とてつもなく寂しい思いをしていたのかもしれません。それがちょっとしたことで、そのときのつらい思いが噴出するのかもしれません。だから常に温かい言葉、スキがない配慮を求めているのでしょう。少しでもそれが欠けたら、あなたは怒ります。もし私たちが、だれかに対して「愛がない」「配慮がない」という言葉を頻繁に口にするようになったら、自分自身が気をつけなければならないと思うべきです。はたして相手に要求しているような配慮を、自分自身が持っているかと。

まさか自分だけは受けることが専門だと、大真面目で考えている人はいないでしょう。しかし、具体的には何をもって愛といえるのでしょうか。私たちの愛は不完全もいいところです。すべての人をまんべんなく愛することは不可能ですし、一人の人を愛するにしても偏りが出るかもしれません。何をしても、どこかに欠けているものが出てくるものです。

しかし、自分にしてほしいことを人にしてあげなさいという主イエスの言葉に従うことはできます。世界の救いのために自分がすべきこと、などと複雑なことを考える前に、目の前にいる人のために自分ができることです。

時に私たちは、相手からの見返りを求めて必死でイエス様の言葉に従おうとするかもしれません。あるいは、そこに自分の存在価値を見いだそうと努力するかもしれません。間違ってはいけません。あなたの存在価値は成功、報酬ではありません。あなたのすることがうまくいってもいかなくても、相手からの見返りがあったとしてもなかったとしても、主イエスはあなたのしたことを認め、喜んでくださるのです。

「ですから、人からしてもらいたいことは何でも、あなた方も同じように人にしなさい。」

マタイの福音書7章12節

見えないものに目をそそぐ

神様、私たちは目に見えるものに頼って普段は生活しています。けれども目に見えるものは、時に私たちの心を惑わします。目に見えるものに何の希望も夢も見えないとき、私たちは失望するのです。けれども、信仰は目に見えないものに目を注ぐことです。主よ、周りに希望的なものが見えないとき、自分自身のうちに力の足りないことを感じるとき、見えない神の力に心を注がせてください。私たちの行いの真ん中に、見えないあなたへの信仰を置かせてください。

確かに私たちは、普段は見えるものに頼って生活しています。目が不自由でなければ、道路を渡るときも、電車に乗るときも、車を運転するときも、見えるものに頼ります。目がご不自由な方も、耳や触覚という自分の感覚に頼って生活しています。視覚に限らず、私たちは目に見えるような具体的なものに頼って行動します。建物を建てるときも具体的な計画、予算をきちんと立てて、実行に移すのです。

イエス様ご自身も言っています、敵と戦うときは相手と自分の力を比べて勝てそうであれば戦い、負けそうなら和睦すると。確かにそうなのです。見えるものは無視できません。けれども、見えるものが頼りにならないで、見えないものがしばしば私たちに大きな力を与え、影響を及ぼすことも事実です。

いまだに大きな傷を背負っている東日本大震災の記憶は生々しいですが、私たちは津波によって丸裸にされた町や村、放射能の汚染によって人が住めなくなった地域を見ました。かけがえのない家族を失い、仕事を失った人々を見ました。見えるものには一切、希望が見えませんでした。楽観視できるものは何一つありませんでした。もしそこから立ち上がらせるものがあるとしたら、それは目に見えない何かでした。もちろん、目に見える支援や物資は必要です。けれども回復への一歩を進ませるのは、目に見えない何ものかでした。クリスチャンは見えないものに目を注ぎ、信仰によって歩くのです。

繰り返しますが、決して見えるものを無視することではありません。私たちの心の真ん中に信仰を置くことです。私たちの考えること、行うこと、人と関わることにおいて、その核となる部分に信仰を据えるのです。主がともにおられること、主がともに働いてくださっていることへの信頼を根底に置くのです。

見えるものは変わっていきます。いつか衰退します。弱くなります。もし私たちが見えるものだけに目を留めて、見えるものだけを中心に物事の計画を立てるならば、その計画は一時的に何とかなっても、いつしか弱体化していくでしょう。歴史上に大きな足跡を残したキリスト者たちは、この見えないものに心を注いだ人々です。マザーテレサがそうでした。彼女が抱いた信仰とビジョンは、多くの人々にとって夢物語でした。カトリック教会は当初、彼女のしようとしたことに反対でした。ところが今では、彼女のしたことこそ人類共有の望みであり、真の平和の手段であることを世界は知っています。

信仰にもし相手がいなければ、何の根拠もない「楽観的思い込み」、良くて単なる「信念」です。信念は自分の力に比例し、自分の力が尽きれば消え去るものです。けれども、信仰は神の力に期待することです。神は確かにおられて、信仰によって歩もうとする私たちに手を伸べてくださるのです。そして、私たちのささやかな目に見えないものへの信仰を支え、お用いになって主のわざをなさるのです。

あなたの信仰があなたを救った、と幾人もの人々にイエスはおっしゃいました（マルコ5・34ほか）。私たちの信仰は正直、弱いものです。けれどもその信仰を神はお用いになり、あなたを救う、あなたの家族を救う、世界を救うと言ってくださるのです。今の自分の心をふり返ってみましょう。私たちの心を占めているのは、見えるものばかりでしょうか。お金のこと、人材のこと、周りを取りまく環境のことでしょうか。

見えるもの、それは大切です。ちゃんと物事の目算を立て計画しましょう。けれども見えないものの要素がなかったら、神はお喜びになりません。信仰の要素を真ん中に入れましょう。そして、神がなさることを期待しましょう。

私たちは見るものによらず、信仰によって歩んでいます。

コリント人への手紙第二 5章7節

心の貧しさ

イエス様、私の心は貧しいのです。すぐに嫉妬し、怒りやすく、ひがみ、傲慢になったかと思うと劣等感に悩まされるのです。豊かな心の持ち主になりたいのです。寛容な心を持ち、いつも感謝と喜びの心を持っていたいのです。けれども、あなたは心の貧しい人が幸いだとおっしゃいました。あなたの力が私とともにあるからです。あなたの恵みが私の貧しさに働きかけるからです。できるだけ心豊かに生きようと思います。けれども主よ、どうしようもない私の貧しさの中で、あなたの豊かさを経験させてください。

だれもが、「心は豊かなのがいいのに決まっている」と言うでしょう。いつも平安でいて、少しのことでは慌てず、何事も恐れず、人を偏り見ず、忍耐と寛容をもって言うべきことははっきり言える。そして、いつも感謝と喜びに満ちている。そんな心がいいのに決まっています。

けれどもしばしば、あなたは自分の心が豊かでないことを感じます。すぐに不安と恐れに襲われ、少しのことにイライラし、怒りやすく、物事を偏り見ているのです。そして何かに依存し、そこから離れられなくなってしまいます。人からしばしば誤解され、あなたは孤独になってしまいます。そのことで人を恨みます。あなたの心は貧しいのです。

私たちの心の悩みのすべては、私たちの心の貧しさから来ています。けれども主イエスはそんなあなたに、心の豊かさを求めなさいとは言われません。あなたの心の貧しさゆえに、あなたは幸いなのだと言われるのです。「さいわい」とは、神の力があなたに臨むということです。神の力があなたとともにあるということです。心の貧しさを知っているあなたは、必死に神に求めるでしょう。貧しい心は私たちを苦しめるからです。

ところで、どのようなときにあなたは心の貧しさを感じるのでしょうか。朝起きたときから、心の貧しさを感じるという人がいるかもしれません。新しい朝の喜びどころか、今日の一日のプレッシャーで胸が押しつぶされそうになり、暗い気持ちに覆われて元気に「おはよう！」なんて、だれにも言えない気持ちです。あるいは、あなたは人と比べてすぐに自信をなくす人かもしれません。人がみな自分より優れて見えます。また、人の境遇のほうが自分より恵まれているように見えます。あなたが苦しいばかりに、人のことを羨みます。そんな自分が情けなく思います。心の狭い自分を感じます。あなたは人に受け入れられないで、ひがんでいるかもしれません。そんなことはないと自分に言い聞かせても、自分はいつも孤立しているように感じます。あなたは人のちょっとした言葉で大きく傷ついてしまいます。人の良いところなどには目がいかず、人の悪いところばかりが目について悲しくなります。神様があなたのことをどう思っておられるかよりも、人があなたのことをどう思っているかが気になってしまいます。

あなたは人の話を忍耐をもって聴くことができません。身内の言うことは特にだめです。いつも焦っています。いつも何かをしていないと不安です。自分の生活にぽっかり開いた穴を、いろいろなもので埋めようとします。でも、空しさは解消されません。

こんな私が、どうして幸いになるのでしょう。これらがすべて解決されてから、自分は幸いになるのではないでしょうか。いいえ、そんな貧しさを感じるあなたは幸いなのだとイエスはおっしゃいます。貧しさを感じるときにこそ、神様の力は私たちに働くからです。自分のどうにもならない貧しさを神様に訴えて、神様にすがることこそ幸いなのです。貧しさの中で神様にすがろうとするときほど、神様が間近になることはありません。
神様は人間にとって「あなた」という第二人称でお呼びする方になるのです。私たちは貧しくても神は豊かです。神の豊かさは、私たちが貧しいときにこそ経験するのです。心が真に豊かであるということは、貧しさがないということではなく、神の豊かさを経験することです。私たちの生来の豊かさがあるとしても、それは束の間の豊かさです。人によって多少の違いはあったとしても、それはもろいものです。私たちの持っている豊かさなど、地面が少し揺れるだけで、多少の持ち物を失うだけで、消し飛んでしまうものです。それほど、私たちの持っている豊かさは危ういものです。天国の経験は生来のちっぽけな豊かさの経験ではなく、神の豊かさの経験なのです。

「心の貧しい者は幸いです。
天の御国はその人たちのものだからです。」

マタイの福音書5篇3節

収めきれない試練

神様、人生には必ずしも一度に一つの出来事が起こるのではありません。一度にさまざまなことが起こってくるのです。そして一つ一つのことは小さくありません。心悩ませ、涙にくれながら、祈らせられる事ごとです。主よ、私の心の器はそんなに大きくありません。起こってくる試練をとても収めきれないのです。けれども、私自身はあなたの大きな器の中にあります。今日も肩の力を抜き、あなたの愛のわざの中に身をゆだねて、あなたのみこころを行うことができるようにお守りください。

私たちを圧迫するさまざまな出来事のほとんどは、予期していなかったことです。若いころ、私はある朝、その日に起こりうることを予想してみました。そして一日の終わりに、その日起こった出来事をふり返ってみると、そのほとんどが予想しないで起こった事ごとでした。多くは些細なことでしたが、中には大きな決断を必要とすることもありました。試練も予期しない形で襲ってきます。何か目標を持って計画を立てます。すべてが計画どおりにいくでしょうか。必ずと言っていいほど何かハプニングが起こります。予定していた人がいなくなったり、機械が故障したり、事故が起こったり、当初の目標を変えざるをえなかったりします。そのようなことは一度に一つずつ起こるのではなくて、一度に幾つも起こったりします。

もともと一つだけでも応対するのに大変なのに、一度に幾つも起こると対応しきれなくなります。対応しきれなくなると、頭が混乱しフリーズするのです。コンピューターも、一度にあまりにたくさんの仕事をやらせるとフリーズして動かなくなることがあります。人間が動かなくなることはあまりありませんが、対処しがたい試練が襲うとき、三つの混乱が私たちのうちに起こるといわれます。まず感情の混乱が起こります。怒り、恐れ、悲しみなどの感情が、普段の自分では抑えられるものも抑えられなくなります。泣いたり、極端に落ち込んだり、時には怒鳴ったりするかもしれません。心がキューッと縮こまり、世界中がだめになってしまうような気持ちになります。

感情の混乱と同時に、思考の混乱も起こります。自分は平静に客観的に考えているようでも、その考え方はある部分が極端に強調されたり、無視されたり、とても偏っています。思考の範囲が狭まっているのです。感情の混乱で怒りがだれかに向けられたりすると、「この子の将来はもうおしまいだ」、「アイツとはもう絶交だ」、あるいは「自分はもう人生の負け犬だ」、そして「自分の人生を終えるしかない」とまで言ってしまうのです。

すべてが黒か白かでしか考えられなくなります。思考の混乱の中では、まともな建設的な考えは出てきません。そして思考の混乱に伴うのは、行動の混乱です。おかしな行動をとってしまいます。ある人は背広の上下が別々なものを着てしまいました。ある人は靴下が別々。親しんでいる道なのに何度も迷います。トンチンカンな言葉や態度を発します。とんでもない手紙やメールを送ったりします。自分の器では収めきれないのです。

私はアメリカのテレビシリーズの「ホワイトハウス」というドラマが好きで、時々DVDを観ています。アメリカ大統領とそのスタッフたちが主人公で、彼らがさまざまな問題に取り組んでいく姿をドラマにしているのです。外交問題、内政問題、教育問題、次の選挙の問題、自分が所属している党の問題など、さまざまな深刻なハプニングが同時進行で起こります。彼らは悩みながらも、あるときは問題解決まで到達し、あるときは未解決ながらも前に進んでいこうとします。大統領がやっていけるのは、彼を取り囲むようにしてサポートするスタッフたちがいるからです。

襲ってくる試練を最悪なものにしてしまうのは「孤立」です。混乱するときは、私たちのほうで周りを拒否し、自分で自分を孤立に追い込むようなことをしてしまったりします。こころ素直に自分は助けが必要なことを認めることが大切です。自分の器は小さいかもしれないけれど、神様の大きな器の中に自分は包まれているのだという信仰を持ちましょう。私には収めきれなくても、神様の器は十分に大きいのです。

私をあわれんでください。神よ。
私をあわれんでください。
私のたましいは　あなたに身を避けていますから。
私は　滅びが過ぎ去るまで
御翼の陰に身を避けます。

詩篇57篇1節

私は頑固なんかじゃない

神様、私たちが本当に頑固になっているときは、自分が頑固になっていると気づかないものです。人の頑固さや強情さに文句を言いますが、意外なところで自分が頑固になっているのです。頑固さの究極的な目的は、自分のプライドを守ることです。他のことはどうでもよくなっているのです。主よ、これはあなたが一番お嫌いになることです。どうぞ今日、私の心を柔らかにしてください。そして、何が一番大切なのかを見極める目をお与えください。自分を変える勇気を与えてください。

自分が頑固だと思っている人は、どれくらいいるでしょうか。頑固な人から迷惑を被っていると感じている人は、けっこういるかもしれません。あなたの家族か、あなたの上司か、教会の牧師か、はたまたあの信徒か、この役員か……頑固な人は少なくありません。ところが、私自身は、自分が頑固だなどと思ったことはなかったのです。いつも自分は頑固な人から迷惑を受ける側であると思っていました。むしろ自分は「優柔不断」と批判されるくらいに柔らかな人間だと思っていました。

実は、そういう自分の優柔不断さが嫌でした。だから、パキッと自分の信念を持ち、ぶれずに頑固なまでにその意見を貫き通す人はすごい、と思っていました。私は自分に、あえて頑固になれ！ と言いたいし、人から頑固ジジイと言われる年寄りになりたいとさえ思います。頑固な人は困ったものだと思う半面、敵ながらあっぱれと思うこともありました。

しかし、本当に困る頑固さもあります。聖書ではそのような頑固さを「頑なな心」と呼びます。頑なな心の特徴は、人に耳を傾けないことです。人の話を聞こうとしない頑固さ、聞いても理解しようとしない頑固さ、それが神のお嫌いになる頑なさです。けれども、心を頑なにしているのは実際しんどいことです。けんかして意地を張って、お互いに口をきかないというのは、まことに疲れます。三日も四日も意地を張り通すのは、本当はやめたいのです。

なぜ、何のために、人は頑なになるのでしょうか。あなた、なんで頑固やめないの？

と聞かれたら、「これは正しいことです！」と、自分の正しさにしがみつき、あくまで相手の悪さを言い募ることに執念深く固執している。自分は別に、頑固であろうとしているのではない。周りがそうさせているのだ。だから、それを譲ったら自分が崩れてしまうと思われるのです。すべてがだめになってしまうように感じるのです。

でも、実際には崩れてしまわない。あたかも、そうなってしまうかのように恐怖を覚えるにすぎません。だから必死にそれを守ろうとして頑固になり、人に自分の主張を強要する結果になってしまうのです。そして、周りがそれを許してしまう環境ならば、自分が頑固であるのをずっと気づかずに過ごしてしまうのです。

人間は、身内の間で特に頑固になるのかもしれません。世間さまには、比較的もの分かりのよい顔をする。いや、進んで頑固にならないようにするでしょう。ところが身内には違います。私はずっと大人になってから、そのような頑固性はすべて自分自身に当てはまるのだということが分かってきました。

その転機となったのが結婚でした。夫婦というものになって、自分が自分で思う以上に頑固であることが分かってきました。自分のやり方、生き方を、知らず知らずのうちに妻に押しつけていたのです。

夫婦の問題で、ある人に相談したところ、「あなたは頑固ですね。なぜそこまでして自分のしたいことにこだわるのですか」と言われてしまいました。自分が頑固だ、などとは思ったこともないし、人からそう言われたこともありませんでした。ショックでしたが、ふり返ってみると、これこそ頑固の心理というものが自分にあることを悟りました。自分もけっこう、人に迷惑をかけていたのです。

いったい、心の頑なさを柔らかにする秘訣があるのでしょうか。それは安心することだと思います。自分はこれを譲っても大丈夫。譲っても自分は崩れない。安心するには自分より大きな方に身をゆだねることです。自分を守るために頑なにしている必要などありません。この大きな存在に自分を任せることができたら、柔らかで強い自分に変えられるのです。ちょっとやそっと妥協しても、自分は崩れません。

内なる声は、「頑なにしてはいけない」と語りかけています。

「今日、もし御声を聞くなら、
あなたがたの心を頑なにしてはならない。
荒野での試みの日に
神に逆らったときのように。」

ヘブル人への手紙3章7、8節

イライラは心への黄色信号

神様、私たちはほんの少しのことでイライラし、不安になり、怒ったりします。そして、それが沸々と心にとどまるのです。けれどもまた、ほんのささやかなことでうれしくなったりもして、私の一日を力づけるのです。主よ、どうか私の心を探り、どこに病的なものがあって、どこに罪的なものがあるかをお示しください。また、どこにあなたの恵みがあるかを疎い私に示し、その恵みを味わうことができますように。そのために今日もあなたの前に静まり、自分の姿をふり返る時間を取らせてください。

イライラは私たちの心への黄色信号です。そわそわして心が落ち着かない、だれかのちょっとした態度や言葉に腹が立つ、今の状況に苛立ちを感じる。でも問題のあの人、この人が少しでも変われば、イライラはなくなるでしょうか。今の状況が改善されれば、私の心は治まるでしょうか。いや、治まらないのです。今度は別のことでイライラするでしょう。本当の問題は別のところにあるような気がします。有名なコリント人への手紙第一の一三章の文章、「イライラ」を主語にして、ちょっと変えてみるとこんな風になります。

イライラは寛容でなく、不親切です。人をねたんで、高慢になり、礼儀に反することをします。自分の利益をことさら求め、怒ります。人のした悪を思い、不正を喜ぶことはしないでしょうが、真理を素直に喜びません。すべてがガマンできず、すべてを信じることができず、期待もせず、すべて耐え忍ぶことができません。

イライラしている自分は驚くほど不寛容です。人のことが赦せず、怒りやすいのです。自分は正しく、相手が間違っていると主張して高慢になっています。相手に対して親切どころか、意地悪なことを言いたくなります。普段は言わないような無作法な言葉を吐いたりしますね。そして、「チェッ！　あいつだけがいい目を見てるんだ」と人を妬みます。他人の悪いところだけが目につきます。良いところへの感謝など微塵も出てきません。本当のことを言われても素直に従えません。ごめんなさいと言えません。イライラは、物事が自分の願うようにならないとき、特に自分が正しいと思えば思うほどガマンできなくなります。さらに自分が思うように動けないとき、自由を感じられないとき、忙しさに心が乱れているとき、イライラは募り、何も信じられなくなります。

イライラの「苛」とは、もともと草木の「とげ」を指すもので、その言葉を重ねてチクチクするような不快感を表したものだそうです。自制力が強い人はイライラを抑えて表面には見えないようにすることができるかもしれませんが、これがたまってくると思いがけないところで爆発したりします。特に身内に対して爆発します。妻や夫、親や子どもに対して過度に怒ってしまうことってありますね。自分でも驚くことがあります。自分にとって大事な人を傷つけたりするのです。なぜ寛容になれないのでしょうか。「愛は寛容……愛は苛立たず」と聞くと、自分はだめだと思ってしまう。おまけにイライラは連鎖します。伝染します。イライラはどこかにぶつけざるをえないのです。ぶつけられた人にはストレスとなって、その人のうちにもイライラが発生します。

イライラの心の根底には不安があります。無力感があって何かを訴えています。叫んでいます。浅くない傷があって、愛されることを望んでいます。実はその心は祈ることを望んでいて、神様とつながることを切望しているのです。「だれか私のことを愛してください。安心させてください。すべて大丈夫だと言ってください！」
神の静かな声を聴くことを願っています。神様は私たちを限りない愛で愛してくださっています。けれども私たちは日々の忙しさに埋没してしまい、目先の課題でふり回されて、神の愛を感じることができないまま無理して突っ走ってきたのです。神の愛と恵みを経験するには、神様の前で静まることが必要なのです。今していることをやめて、しばし立ち止まり、自分のしてきたこと、感じたことをふり返り、みことばに耳を傾けましょう。

神よ　私を探り　私の心を知ってください。
私を調べ　私の思い煩いを知ってください。
私のうちに　傷のついた道があるかないかを見て
私をとこしえの道に導いてください。

詩篇139篇23、24節

神様、祈れません！

イエス様、私たちは十分に祈ることができません。どう祈ったらよいか分からないときがありますし、祈りに力がなく、祈っても平安がないときもあります。けれども主よ、あなたはいつも祈っていなさいとおっしゃいました。父なる神はわが子の祈りをないがしろにされないとおっしゃいました。私のうちに力がなくても、豊かな力はあなたのうちにあります。たとえ今すぐに答えがなくても、あなたに信頼し、祈り続けられますように。あなたの力と恵みが弱い私を助け、一つ一つの課題をあなたの力をいただきながら歩んでいくことができますように、お守りください。

この文章のテーマが「祈り」であるのに、こう言うのは抵抗がありますが、祈れないときってありますね。祈っていても、言葉が空回りするだけで妙に空しいとき、祈っても心に平安がなく力が感じられないとき、祈り終わっても呆然として立ち上がる気力もないときなど、そのような経験をあなたはお持ちですか。本心はまだ座っていたいのだけれども、もう動かなくちゃならない。祈りの平安がないのに落ち着かない気持ちで動き出す。このような祈りに意味があるのでしょうか。祈りが単なる精神の修養のためであるならば、意味があるとは言えません。

確かに多くの祈りは心に平安や確信をもたらします。だから私たちは心の平安のために祈ります。または心を落ち着かせるために、牧師に祈ってもらいます。あなたはこう言ったことがあるでしょう。「先生に祈ってもらったら心が平安になりました！」けれども逆だったらどうでしょう。いくら祈ってもらっても、平安は来ません。祈っても無駄です。だから祈ってくれなくて結構です。だから祈るのをやめました。そのように言うのでしょうか。

主イエスは祈ることを強く勧めました。幾度となく勧めました。諦めないで祈ることを勧めました。平安がなくても祈るのでしょうか。そうです。平安があってもなくても祈るのです。なぜでしょうか。それは祈りが独り言ではなく、だれかに対する語りかけだからです。聞いている方がおられるからです。祈りが単なる瞑想であるならば、心が穏やかにならなければその目的を達したことにはならず、無駄と言えるでしょう。ストレス解消のために何か他のことをすればよいのです。けれども祈りは、心のエクササイズではありません。祈りは、それが祈りである限り、神が聞いておられ、それに答えようとなさるからです。

あなたが心の平安を求めているならば、神はあなたに平安を与えるために行動を起こされるのです。あなたが空しいと思いつつ祈るときでも、神はあなたの祈りを聞いておられ、その空虚さを打ち砕いてくださるのです。あなたの精神力で勝ち取るのではありません。パウロでさえ、こんなことを言いました、「私はどう祈ったらよいか分からない」と。そんなときも聖霊が彼を内側から支え、彼の祈りを助けたのです。あなたの口から祈りの言葉が出ること自体、神が助けてくださっていることのしるしです。

祈りは幼子が自分の親に願いを向けるようなものです。イエスは言われました（マタイ7・9―11）。子どもが「お父ちゃん、おなかすいたよ。パンが欲しいよ」と言っているのに、石を与える親がいるか。お魚が欲しいよと言っているのに、ヘビを与える親がいるか。世の中にはロクでもない親もいるけれど、ほとんどの親は子どもに良くしてあげたいと思うものだ。それなら、なおさら天の父は求めてくる自分の子どもの声に耳を傾けないことがあるだろうか。
あなたの必死の祈りを、あなたの天の父は確実に聞いておられます。私たちは神の口から出る一つ一つのことばによって生かされるものですが、祈りも一つ一つの課題を神にゆだねつつ祈ります。友人とのことで問題があるでしょうか。お子さんのことで悩んでおられるでしょうか。仕事のことで問題があるでしょうか。教会の問題で頭を痛めているでしょうか。一つ一つのことを、幼子のように、父なる神に祈りましょう。祈りは単なる瞑想ではありません。聞いておられる方がいます。一つ一つのことを神と取り組んでいくのです。

同じように御霊も、弱い私たちを助けてくださいます。私たちは、何をどう祈ったらよいか分からないのですが、御霊ご自身が、ことばにならないうめきをもって、とりなしてくださるのです。

ローマ人への手紙8章26節

みこころに添った怒りと悲しみ

神様、私たちは怒るべきところで怒らず、怒る必要のないところで怒るのです。また悲しむべきものを悲しまず、悲しまなくてよいものを悲しむのです。私たちの怒りや悲しみの多くは、自分の些細なプライドを傷つけられたこと、面目をなくしたことです。そんなときは必要以上に感情的になりますが、正義のための怒りは弱いのです。また、自分の犯した罪や過ちは人に知られていなければ悲しむこともありません。どうぞ私の思いを吟味し、自分のプライドに関しては怒ること遅く、自分の罪に関しては悲しむ者であらせてください。

私たちはどんなときに怒り、どんなときに悲しむのでしょう。最近自分が怒ったときのことを思い浮かべると、自分がないがしろにされたこと、自分のプライドが傷ついたこと、気に入らないことをされたことが原因です。正しいことが曲げられたと怒っても、結局は自分の怒りのツボに触れたのです。怒っても悪くありませんが、必要以上に怒ってしまいます。一方、怒るべきなのにウヤムヤにしていることもあります。どうにもならないことだと諦めているのか、たまたま自分の怒りのツボにはまらないのか分かりませんが、社会の不正も自分の利害に直接かかわりがなければ放っておくことが多いのです。

ところで、主イエスがお怒りになったときのことが聖書に記されています。幼子たちがイエスに近づこうとしているときに、弟子たちは止めようとしました。そのとき、イエスは憤ったというのです。イエスは怒りながらおっしゃいました、「子どもたちを、わたしのところに来させなさい。邪魔してはいけません」（マルコ10・14）。また体の不自由な人が会堂にいて、安息日にその人を癒やすかどうかユダヤの指導者たちがイエスを監視していたとき、彼らに対して「イエスは怒って彼らを見回し、その心の頑なさを嘆き悲しみながら」その人を癒やしたのです（マルコ3・5）。どちらもイエスの利害には直接には関係ないことです。けれども社会の弱い立場にある人間が傷つけられようとしているとき、イエスは怒ったのです。逆に、ご自分が鞭打たれたとき、ユダに裏切られたとき、ペテロに否定されたとき、イエスが怒ったとは聖書は記していません。

どんなときに私たちは悲しむでしょう。愛する人を失うことは、少なからぬ人々が経験します。自分が孤独に陥ったとき、傷つけられたとき、自分が否定されたとき、私たちは悲しみます。悲しさに正しい悲しみも間違った悲しみもありません。悲しみは悲しみです。けれども周りが見えていない悲しみというものがあります。

ある親が、普段自分の子どもと関わっていないので、罪滅ぼしの意味で特別な誕生プレゼントを考えました。ところが、どんなものが子どもを喜ばせるのか分かりません。自分で考えて、子どもにとってよいものだと思うものを買いました。高価なものでしたし、自分で精いっぱい考えたつもりです。ところが子どもは、それを喜びませんでした。子どもの真に望んでいるものではなかったからです。否定された気持ちになった親は傷つきました。悲しかったのです。親のことを分かってくれない子どもを持って自分は不幸だと悲しみました。さて、この悲しみには自己中心的なものが入り込んでいます。もし、自分が子どものことを理解していなかったと悟って努力しようとするならば、この悲しみはこの親と子どもの関係をもっと豊かなほうに導くでしょう。

人間は真に自分の罪の深さを悲しむことをしません。イエスの弟子のペテロは、愛すべき人物ですが、人の気持ちというものが分からない少し高慢なところがあったようです。

イエスが十字架にかけられる前夜、イエスを知らないと三度も否定しました。それをイエスは前もって予言していました。人間は自分の罪が暴露されたときに、自分の罪を嘆くものです。露見されなければ、自分の弱さや愚かさを普段は分かっていないのです。ペテロはそれが分かったときに、悲しみが彼を襲い激しく泣きました（ルカ22・61）。私たちは怒るべきものを怒らないで、怒らなくてよいものを怒り狂い、悲しむべきものを悲しまないで、悲しまなくてよいものを悲しんで落ち込んでいることが多いのです。自分は本当は何を怒っているのか、何を悲しんでいるのか、考えてみましょう。

神のみこころに添った悲しみは、後悔のない、救いに至る悔い改めを生じさせますが、世の悲しみは死をもたらします。

コリント人への手紙第二7章10節

ともに喜び、ともに泣く者

神様、私とともに喜んでくれる人、私とともに泣いてくれる人がいることは何と素晴らしいことでしょう。けれども私自身は喜んでいる人がいると嫉妬したり、「調子に乗るな」と怒ったりします。また泣いている人がいたら「何でそんなことくらいでウジウジしているのだ」と短気になります。けれども主よ、私自身が喜んでいるときに望むのは、ともに喜んでくれる人です。悲しんでいる私に必要なものは、ともに悲しんでくれる人です。私自身がそのような助けを必要としているからこそ、私もだれかにそうしてあげたいのです。どうぞ、あなたのご愛をいただき、喜ぶ者とともに喜び、泣く者とともに泣く者であらせてください。

孤独のつらさを癒やしてくれるのは、ともに泣き、ともに喜んでくれる人の存在です。私たちは悲しみに打ちひしがれるとき、真に分かってくれる人がいれば何とか立ち上がろうとすることができます。喜びや悲しみを分かち合うことは、人と人とがつながりを持つうえでとても大切なことだと思います。人はこれによって支えられ、育てられるのです。小さな赤ちゃんは、自分が泣けばお父ちゃんもお母ちゃんもつらそうな顔をしている、キャッキャッと笑えばママもパパもうれしそうにしてくれる、それを理解します。赤ちゃんは人と自分がつながっていることを感じ、自分は価値ある存在だと自覚していくことができるのです。泣こうが笑おうがだれも応答してくれないままに育ったとしたら、その子どもはまともな精神を育むことができないでしょう。

私は若いころ、失恋をしたことがあります。失恋など珍しいことではありません。皆さんも一つや二つ覚えがあるでしょう。けれども、そのときは本当に苦しくて、何とか自分の心がもとに戻るまで一年かかりました。私がクヨクヨ悩んでいたとき、そのことを知っていたある友人が顔をゆがませて悲しんでくれました。そのときの感覚を今でも覚えています。自分の魂が温かい手で触れられたような気がしました。それですぐに癒やされたわけではありませんが、ほとほと自分のことが情けなく感じられていたものですから、その友人の表情によって、こんな私にもそうしてもらう価値があるのかと思いました。

さて、自分はそのように共感してもらってうれしいのですが、自分も人に対してそのようなことができるかというと、できません。私は自分が悩みやすい人間でありながら、冷淡な人間であることを感じます。私の妻などは、人のために喜び、泣き、また怒る姿をよく見せてくれます。ところが私は、カウンセリングを勉強をしてきた割には、人の気持ちがよく分からない人間なのです。

そんな私が神様に示されていることは、人のために祈ることです。牧師ですから、私のところにはさまざまな人たちの抱える問題が寄せられてきます。病人のために、家庭の問題を抱えている人のために、職場や学校で悩んでいる人のために祈るよう神様に示されます。そこで気づいたことがありました。祈ることによって、祈っている相手が喜んでいるのを見ればこちらも喜び、悲しんでいるときはこちらも悲しむ経験を、神は与えてくださることが分かってきたのです。

私のような本来淡白な人間は、他の人よりもさらに祈ることが必要なのではないかと思います。祈りに費やした時間に比例して、人々への共感性は増します。名前を挙げて祈ってきた方の悲しいニュースを聞けば悲しいし、喜ばしい知らせを聞けばうれしいのです。

また主イエスは、自分に反対する人のためにも祈るように言われました。私自身も批判や文句を言いたい人は少なからずいます。けれども私たちは、自分が批判するその人のためにどれだけ祈っているでしょうか。批判しっぱなしではないでしょうか。あなたが一人の人物に向けて批判をするならば、その二倍の分をその人のために祈るべきだと、ある人が言いました。あなたが牧師に向けて批判するならば、牧師のために二倍祈るべきです。あなたが信徒を非難するならば、その信徒のために二倍祈るべきです。

「絶えず祈りなさい」（Ⅰテサロニケ5・17）と聖書は命じます。神は祈る者に、ともに喜び、ともに泣く絆を与えてくださるのです。

喜んでいる者たちとともに喜び、泣いている者たちとともに泣きなさい。

ローマ人への手紙12章15節

何に耳を澄ませるか

神様、私たちはいかに多くの騒音の中で生活していることでしょう。片時も音がない時はありません。私たちの頭の中にもさまざまな雑念が渦巻いています。それらは私たちの心を落ち着かなくさせる雑音となっています。主よ、心の雑音を取り除き、あなたのみことばを聞かせてください。どうぞ今日一日のどこかで深呼吸をし、みことばを思い出し、あなたのことばで私の魂を満たす時間を持つことができますように。電車の中で、学校で、会社で、家の中で、今日もあなたのことばによって生かされますように。

私たちは、さまざまな声に耳を傾けなければなりません。うっかり聞き逃すと、社会の動きに取り残されてしまうかもしれません。でも世の中にあまりに多くの音声があふれているので、本当に耳を澄まさなければならないことを聞き落としているような気がします。

人の声が耳に入ってきます。あなたを批判する声かもしれません。心は落ち込みます。何とかその声に従って自分を変えようとします。中身を変えるというよりも、その声に自分を合わせようとします。もう批判の声は聞きたくないからです。

別の声がしてきます。別の批判の声です。それを聞くのはつらいですから、それにも何とか合わせようとしていると、さらに別の声が聞こえてきます。

褒める言葉もあるでしょう。うれしいですが、何とかその褒め言葉に添うように無理をします。そのうち、本当の自分は何だか分からなくなります。ただ、さまざまな声に反応するだけの自分しかありません。


人間の声だけではありません。私たちのうちから湧いてくるさまざまな事ごとが、音声のようになって自分の心に響きます。他者への批判の言葉、不平不満の言葉、それらが騒がしく反響しています。心配事も反響しています。このこと、あのこと、気になることが起こってきます。もちろん、現実逃避はすべきではありません。やるべきことはやらなければなりません。けれども、やるべきことをした後でも、なおも音声が響くのです。

預言者エリヤが聞いた細い神の御声を、私たちも聞きたいと思います。あるとき、私は車を運転をしていて踏み切りで停車しました。あまりに踏切が長いのでエンジンを止めました。すると途端に車内が静かになりました。そして今まで聞こえてこなかった車外の音が聞こえてきたのです。これは私にとって小さな驚きでした。鳥のさえずり、風の音さえ聞こえてくるのです。エンジンの音はそれまで意識していませんでしたが、大きな騒音だったのです。他の小さな音をすべてかき消していました。神の細い声も、騒音を消さなければ聞こえてこないのです。

私は自分でもあきれるくらいに集中力がありません。すぐに雑念が入ってきます。目を閉じて心を静め、黙想しようとすると一分も経たないうちに雑音が入ってきます。これからの予定、夕飯のおかず、それらの連想が連想を生んでいきます。私はそれで幾度も失敗しました。一度ならず二度までも、牧師として最も集中しなくてはならない礼拝の最中に、心の雑音のせいでミスをしたことがあります。礼拝の最後の祝禱を忘れてしまったのです。その日、礼拝の後にさまざまな予定がありました。礼拝の最後の賛美を歌いながら、それらのことを考えていたのです。二度目は、忘れていたことさえしばらく気づきませんでした。

さまざまな音声、心の内外の雑音を聞く前に、神のことばに耳を傾けたいと思います。私たちの行動は、何かに応答して生まれてきます。雑音に反応するのではなく、神のことばに応答することによって、私たちは自分の思いや願いではなく、神のみこころに従う生活に導かれるのです。

預言者エリヤは自分を脅迫する支配者から逃れましたが、心身ともに疲弊し、神様が示す山にひとり登りました。自分のいのちを脅かす権力者の声、また、おまえは生きる価値もないとささやく自分自身の内なる声に悩まされていたエリヤは、ひとりで神の前に立ちました。そこですさまじい大風が吹き、地震と山崩れがあり、落雷がありましたが、そのような大音響の中には神はおられませんでした。その後に神の細い声がエリヤにささやかれたのです。耳を澄まさないと聞こえない声でした。けれどもその声は、エリヤに新たな使命を与えました。神のことばは彼に生きるすべを教え、活力を与えたのです（I列王19・11～18）。神は今もなお、細い御声で私たちに語りかけておられます。

火の後に、かすかな細い声があった。

列王記第一19章12節

百倍の実

神様、人生には「今までの苦労が水の泡」ということが幾度あることでしょう。それまでの努力や労苦がすべて無駄になったような思いになるのです。数日や数週間の労苦ならまだよいでしょう。何年もかけたものが実を結ばないとなると、私たちは絶望感に襲われます。でも、実を結ばせるのはあなたです。私たちの務めは、あなたが蒔かれた恵みの種を良い地で守ることです。どうぞ諦めないで日ごとのあなたの恵みの種を受け取り、あなたが成長させてくださることを信頼して今日も歩ませてください。

農業は苦労の多い仕事です。地面を耕し、種を蒔き、一所懸命に育てても、台風や干ばつ、冷害などですべてがだめになってしまうことがあります。農作物は生き物です。一度枯らしたら元に戻りません。

主イエスの有名な「種蒔きのたとえ」では、四つの場所に蒔いた種のうち、三つまでもがだめになってしまいます。道端に落ちた種、石地に落ちた種、いばらの地に落ちた種。それらはすぐに鳥に食べられたり、芽が出ても枯れたり、生えても結局実を結ばなかったりします。

このたとえ話には、私たちの人生と重なることがあるようです。私たちはさまざまな分野において実を結ぶための努力をします。けれども、すべての努力が報われることはありません。何日もかけて苦労したのにだめになってしまうというのはまだよいほうです。何年も何十年も労苦を重ねてきたものが実を結ばないとなると、私たちはどれほど失望することでしょう。

何年もかけて研究開発してきた商品に致命的な欠陥が見つかって、すべてが無駄になったという研究員がいるかもしれません。努力して経営してきたお店が倒産したという事業者もいるでしょう。一生懸命にやってきた受験勉強の成果が出せなかったという受験生は少なくないでしょう。学校の先生は、自分の働いた成果がすぐに見られるわけではありません。何年もかけて生徒を育てます。けれども、すべてが自分の期待どおりにいくわけではありません。

さらに、自分が手塩にかけて育ててきたわが子の成長過程で、「こんなはずではなかった」と失望するような経験をする母親、父親がいるでしょう。何年も伝道をしたけれど、期待するような結実を見られなかったという失意の牧師もいるかもしれません。

そうなのです。三つの種は実を結べなかったのです。厳しい現実は私たちの前にあり、私たちは幾度も失望を経験するのです。けれども、良い土地に落ちた種が百倍もの実を結んだというのも、主イエスが示す現実です。だめになってしまった三つの種を差し引いても、あり余るような桁違いの豊かな実です。

これは、神が私たちの生涯において実を結ばせてくださるという希望です。私たちは常に、ここに希望を置くことができます。

「種を蒔く人」とは神様のこと、地面は私たちです。神は世界を創造されたあと、造りっぱなしで放っておかれる方ではありません。お造りになった世界で実が結ばれるようにと種を蒔いておられます。だめになってしまう種があったとしても、神は蒔くのをおやめになりません。蒔き続けてくださいます。

種にはそのうちに実を実らせる可能性が秘められています。地面の役割は、しっかりと種を受け止め、種を守り、その時が来るまで忍耐をもって待つことです。せっかく植えた種を、なかなか芽を出さないからといって、土を掘り返してはだめになってしまいます。その種が無駄になったように見えても、諦める必要はありません。種蒔きは終わっていないからです。もしかしたら、種の成長を妨げるものがあるかもしれません。雑草やいばらは神様の力をいただいて取り除きましょう。

農夫は毎日蒔き続けています。神は諦めないで私の生涯に、私の家族に、私たちの教会に、日ごとに蒔き続けておられます。だから私たちも、諦める必要はありません。

「種を蒔く人が種蒔きに出かけた。蒔いていると、ある種が道ばたに落ちた。すると、人に踏みつけられ、空の鳥が食べてしまった。また、別の種は岩の上に落ち……枯れてしまった。また、別の種は茨の真ん中に落ち……茨も一緒に生え出てふさいでしまった。また、別の種は良い地に落ち、成長して百倍の実を結んだ。」

ルカの福音書8章5～8節

沈黙の言葉

神様、静かに沈黙していると、普段いかに自分が必要のないことをしゃべっているかが分かります。また人の話を聞くよりも自分のことを分かってもらいたいという願望がいかに強いかが分かります。主よ、沈黙の中でさらにあなたのみこころを知ることができますように。人の歓心を得るためではなく、あなたの喜ばれる言葉を発することができますように。それによって私の喜びが満たされますように。

「雄弁は銀、沈黙は金」という格言があります。雄弁さはとても有益なこと、だが黙るべき時を知るのはもっと大切だという意味だそうです。現代社会では自分を主張することの重要さがよく説かれますが、沈黙の大切さというのも日本人は昔から知っていました。聖書はそれ以前から、神様のことを知るうえでの沈黙の重要性を教えています。

私は最近、半ば強制的に沈黙を守らなければならない状況に置かれました。のどの声帯にポリープができて、それを切除する手術を受けたからです。春の季節に風邪をひいて三日ほど寝込みましたが、風邪が治っても風邪声のようなかすれた声がなかなか元に戻らないのです。三か月たっても改善されないので、医者に診てもらったところ、ポリープがあることが分かりました。そのせいで発声がうまくいっていなかったのです。手術そのものは短時間で終わりましたが、術後の一週間は全く声を出さないように、せき払いもできるだけしないようにと言われました。それを「沈黙療法」と呼ぶのだそうです。

手術の翌日、退院した私はその足でホームセンターに行き、筆談のために小型のホワイトボードを買ってきました。しゃべれないというのは思った以上に難儀でした。自分はそれほどおしゃべりなほうではないと思っていましたが、人と生活していくうえで、全く声を発することができないというのは不便であり、ストレスでした。筆談も悪くありませんが、時間がかかるので会話を中断してもらわなければなりません。書き終わるころにはもう話題が変わっていて、意味がなくなっていることもありました。

けれども、沈黙療法の中で一つ一つの言葉の重みというものを感じました。筆談は一度にたくさん書けませんから、言葉を吟味し選ばなければなりません。本当に必要なことを最小限に書くのです。そうすると普段、自分はあまり意味のないこともけっこうしゃべっていたのが分かってきました。単に沈黙の間を埋めるため、人の歓心を得るためだけの言葉がいかに多かったか。意味のないうわさ話がいかに多かったか。雑談が必要ないということではありません。雑談は時にとても有益です。けれども私たちの口は益のない、むしろ有害な言葉を発することも少なくないのです。

洗礼者ヨハネの誕生の際の父親ザカリヤのことを思い出しました（ルカ1・8〜23）。ザカリヤ夫婦はすでに老いていましたが、男の子を身ごもることを御使いによって伝えられます。喜ばしいことでしたが、ザカリヤは信じられませんでした。それで彼は神によって、子どもが生まれるまで口がきけなくなります。ザカリヤは九か月間しゃべれなかったのです！　本人だけでなく、妻のエリサベツにとっても大きなストレスだったのに違いありません。超高齢出産であって何かと助けが必要なときに、夫婦の会話が思うようにできないのです。聖書には、そのときエリサベツを訪れたマリアが三か月間、彼らの家に滞在したことが書かれていますが、マリアは彼らの大きな助けになったことでしょう。

いよいよ男の子が生まれ、名前をつける段になって、親戚たちは当時の習慣にならって父親の名にちなみ「ザカリヤ」とつけようとします。けれどもエリサベツは、それに反対して「ヨハネ」でなければならないと言いました。ザカリヤに確かめると、彼は書き板を持ってこさせて、「その名はヨハネ」と書いたのです（ルカ1・57〜64）。彼は本当に必要なことを妻に伝えており、夫婦の心は一致していたのです。

ふだん、私たちは不必要なことを語っている割には、必要なことを語っていないのかもしれません。大切なことを夫婦で話していない、親子で話していない、友人同士で話していない、信徒同士で話していない、牧師と信徒が話していない。たくさんしゃべっているようで肝心なことを伝えていない。相手の心の大事な部分に触れていない。相手にとって本当に必要な言葉を語っていない。そんな私たちであるかもしれません。どうか沈黙によって私の言葉が磨かれ、不純なものが取り除かれますように。

主よ　私の口に見張りを置き
私の唇の戸を守ってください。

詩篇141篇3節

そもそも自分は

神様、私たちが判断に迷ったときは、私たちの思いを原点へと戻してください。そもそも自分はここで何をやっているのか、何のためにしているのか、何に向かっているのか、もう一度思い出させてください。そして、あなたの御前に立つときにあなたに喜んでいただけるのはどのような私の行動であるか、考えさせてください。そうすれば、主よ、私の今すべきことが見えてきます。

もう二十年近くも前ですが、かかりつけの医院で診察を受けていると、医者がポツポツと語り始めました。「私は物事に迷うと、そもそも自分は何でこれをやっているのかと、自分の原点に戻ろうとします。ね、そうすると、今の自分がすべきことが見えてくるんです。」問うてもいないのに医者が突然そう語り始めたので、少し驚くとともに、私は何か天の声を聞いているような気持ちになりました。この医者は通常の医療だけではなく、診療外の時間に、健康についての講演会を無料で開いていました。それも落語風に面白おかしく話すので、けっこう人が集まっていたということです。このお医者さんは自分なりの信念を持って医療活動をしていたのでしょう。私はそのとき、自分がどのような状況に置かれていたか覚えていないのですが、何かに迷っていたのに違いありません。この言葉が鮮明に心に残ったのです。

私たちは、本来歩いてきた道筋からそれやすいものです。自分の子どもを育てるときも、最初は元気でさえいてくれたらいい、幸せになってくれたらいいと思って、そのために子育てをしていますが、だんだんと欲が出て、勉強もできてほしい、スポーツもできてほしい、もっとこうあってほしいと願うようになります。一応それらの希望はこの子自身のためだと考えているつもりですが、果たして真にそうなのか……。そもそもこの子自身の幸せを願うことが第一だったのではないかと、考えさせられることしばしばです。

あるいは、仕事をしているときでも、そもそもなぜ自分はこの仕事を選んだのか。さまざまな事情が生じてきて、本来自分がしたいと思っていたことと全然違う方向に進んでいってしまうこともあります。教会でも似たようなことが起こるかもしれません。そもそもこの活動は何のためにやってきたのか……考えさせられます。

私が神学校を卒業して三十年が過ぎました。牧師の務めを長らくしてきましたが、この職業にはさまざまな役割が伴います。牧師ほどバリエーションに富んだ役割を持つ職業はないかもしれません。教会内にはさまざまなニーズがあり、牧師はそれに応えていきます。こまごまとした雑務、複雑な相談ごと、幅広い年齢層への伝道や教育、自身の聖書の勉強と説教、教会活動の調整役などなど。やることが多いだけに、そもそも自分は何のためにこれらをやっているのかと、その主旨を見失ってしまうことなどしょっちゅうです。本当は牧師こそ、これを見失ってはいけない立場で、そもそも教会は何のために存在し、どこに向かっているのか、常に焦点を定めておかなければならないはずです。

社会学や心理学の論ではありませんが、私たちの営みが何であれ、そこに今の状態を維持しようという力が働きます。それは本来、私たちの生活を安定させる力なのですが、時にそれが少々ぶれても、そのまま維持しようとします。そんなとき、新たなことを始めるよりも、今までしてきたことをやめるほうが難しいことが少なくありません。目先の必要に迫られて、本来の必要に応えることができなくなるのです。もちろん、緊急の目先の必要があります。それらは本来の目的に沿うものでしょう。けれども、真に必要なこととは別に、今までの伝統を守るとか、人々の歓心をキープするとか、自分のプライドを守るとか、いつか主の前に立って地上での働きをふり返ったときに、それほど重要だと思われないことも少なくないと思います。

祈りのうちに自分の今までしてきたことを一つ一つふり返ることは、私たちにとってたいへん有益です。私はよく深呼吸をして、一日のうちで自分の語ったこと、行ったことなどをふり返ります。そして、そもそも自分の願ってきたことや神のみこころだと信じてきたこととどれくらい一致しているか、あるいはどれくらいそれているか、想いを巡らすのです。主は優しく御手を私たちの生涯に触れてくださり、正してくださる方です。

あなたの行く道すべてにおいて、主を知れ。
主があなたの進む道をまっすぐにされる。

箴言3章6節

自分を捨てるって？

イエス様、あなたは「自分を捨て、日々自分の十字架を負って、わたしに従って来なさい」とおっしゃいます。自分を捨てるとはどういうことでしょうか？　せっかく育てられてきた「自分」を、そんなに簡単に捨ててよいものですか？　けれども主よ、自分を守ることばかりにしがみつく自分がいます。自分ばかりに思いが集中して、他のものを顧みなくなった私を戒めてください。私を不自由にしている自分からお救いください。

私にとって自分を捨てることは大問題でした。捨ててもよい自分とは、価値がないものなのでしょうか。日本には昔から、お上《かみ》のために自らを犠牲にする滅私奉公という倫理観がありました。個よりも権威が大事でした。昔はお殿様、近代では天皇、現代になると会社や企業が、自分の身をささげる対象になってきたと考えられるでしょう。ところが世の中は変化していき、自分の身をささげるべき権威が失われてきました。そうなると、自分という個を中心とするしかありません。この世代が批判的に「わがまま世代」「自己中心世代」と呼ばれます。この世代の人たちは、自分というものに最高の価値を置きます。だから自分勝手な人が増えてきたのだ、と言う人々もいます。

けれども、自分というものにかけがえのない価値があるのは事実です。聖書は、父なる神は私たちの髪の毛の一本一本までご存じで、一人ひとりの人間を愛しておられるといいます。罪人の私でも神は愛してくださり、私たちは神の目に価値あるものなのです。けれども、価値あるものをあえて捨てよ、とイエスは言われるのです。それによって自分のいのちを得、さらに素晴らしい価値を見いだすのだとおっしゃいます。

自分を捨てるということは、一世一代の大事とはかぎりません。実際に自分の「いのち」を何かのためにささげるということは、そうあることではないでしょう。むしろ日常の中で起こることかもしれません。

私には苦い思い出があります。後になって思い返すと、自分を捨てきれなかった失敗経験です。私がまだ十八歳の夏、教会に宣教師志望の若いアメリカ人夫婦が一週間ほど滞在しました。日本の教会を巡ってさまざまな奉仕をしたのです。私たちの教会では、集会での証しやペンキ塗りなどの奉仕をしていただきました。教会は精いっぱいのおもてなしをしたのですが、私もある日の昼食を作って差し上げることになりました。私はカレーが大好きで、自分で食べるだけでなく、いろいろ工夫して自分でも料理していました。さまざまなスパイスを使って、りんごをすったり蜂蜜《はちみつ》を入れたり、いかにおいしいカレーを作るかにこだわっていました。それで私は、夫妻のためにとびきりおいしいカレーを作りたいと思ったのです。

工夫を凝らしておいしいカレーを作ることは、悪いことではありません。むしろ価値あることです。けれども私は、夫妻の健康状態のことを考慮していませんでした。季節は八月で猛暑が続く日々でした。そのころ、日本の普通の家庭や教会ではまだまだエアコンはついていません。日本の蒸し暑さに慣れていないご夫妻は、あまり元気な状態ではありませんでした。特に奥様は胃腸の具合が悪いようでした。お二人は私が作ったカレーをおいしい、おいしいと食べてくれましたが、そんな体調のお二人にカレーは刺激が強すぎたようで、案の定おなかを壊してしまいました。私はまだ若かったのですが、冷静に考えれば分かったはずです。胃腸の弱っている人には、刺激の強いカレーよりもおなかに優しいスープかうどんのほうが良いはずだと。けれども、そのときの私は真摯に二人のことを考えるというよりも、自分がカレーを作りたいという願望のほうが強かったのです。

おいしいカレーを作るという行為は、悪いことでないばかりか価値あることです。けれども、宣教師夫妻の健康、これからの宣教活動というさらにレベルの高い価値のためには、私はカレー料理という価値あるものを捨てなければならなかったのです。そうするならば、私は本当の意味で宣教師を助けることができたでしょう。あるいは、夏バテに効くチキンスープなど、新たな価値あるものを見いだしたかもしれません。

私はこの失敗を思い出すたびに、胸がチクチク痛みます。自分を捨てるとは、そのようなささやかな日常の出来事の中で起こることなのかもしれません。そして、日々新しい自分を見いだしていくのです。

「だれでもわたしについて来たいと思うなら、自分を捨て、日々自分の十字架を負って、わたしに従って来なさい。自分のいのちを救おうと思う者はそれを失い、わたしのために自分のいのちを失う者は、それを救うのです。」

ルカ9章23、24節

弱いときにこそ強い

神様、私は繰り返しあなたの助けが必要です。私は相変わらず同じようなことで悩み、自分の弱さを痛感する場面に遭遇します。昨日は解決を与えられたと思ったら、今日も再び悩むのです。どうぞ日ごとの魂の糧をもって、私を養ってください。そして、私の弱さの中であなたと出会い、あなたの力を経験することができますようにお支えください。

人生には自分の得意とする場面だけではありません。苦手で苦痛を感じる場面が少なくないと思います。常に人と協調してやっていきたい人は、人と対決するのが苦痛になるでしょう。戦うことを生きがいとする人は、穏やかに他人と協調していくことに大きなストレスを感じるかもしれません。

私たちは周りの人々に強い人、弱い人とレッテルを貼りがちですが、強い人とはどういう人のことでしょう。どんな場面であってもくじけることなく、前向きの姿勢を保てる人。他者にはっきりもの言うことができて、問題が起こっても果敢にその問題に取り組む人。弱い人はその反対です。すぐにくじけて悩みます。いつまでもクヨクヨします。すぐに悲観的な思いに陥ります。はっきりと人にもの言うことができません。

私たちは、弱い人ではなく強い人になりたいと願います。でも本当は強い人、弱い人と単純に分けられないのかもしれません。強そうに見えても、実際には弱い部分を持つ人が少なくありません。強そうに見える政治家、ワンマン社長、勇敢な軍人の中には、自分の弱さを必死に隠している人がいるかもしれません。確信に満ちているように見える教会の牧師が、疑いと戦っているかもしれません。よく自画自賛をする人は、そうやって自分を励ましているのでしょう。

哲学者の鷲田清一氏は、パスカルの「人間の弱さは、それを知っている人たちよりは、それを知らない人たちにおいて、ずっとよく現れている」という言葉をある新聞記事で引用していました。自分の弱さを認めている人は、かえってその弱さに振り回されることが少ないということです。それでは、自分の弱さを知るとはどういうことでしょうか。数学に弱いとかスピーチに弱いとかは人間性とあまり関係ないので冷静に処理できるかもしれませんが、自分の性格的なことなど人間性にかかわる弱さはクールに取り扱えません。いろいろな場面で自分の弱さを見せつけられ、自分が情けなく、恥ずかしく、恐れを抱きます。弱さを本当に知るとはつらいことなのです。

信仰とは、自分の弱さを痛感する中で神様に頼ろうとすることです。弱さがなければ、人間というものはもともと不信仰なものですから、神様に祈ることもないかもしれません。自分の弱さというのは、環境が変わっても、周りの人が替わっても、依然くっついてくるものです。だからこそ、私たちは神に頼り続け、祈り続けるのです。

パウロは肉体のとげを持っていたといいます。具体的に何だったか記されていませんが、てんかんだったとか、くる病だったとか、弱視だったのではないか、あるいはうつ病であったかもしれないといわれます。いずれにせよ、このとげは彼を悩ませ、これさえなければもっと自由に働き、力強く伝道できるのにと思うようなものでした。私も自分自身に照らし合わせて考えます。自分が今のように小心者でなければ、もっと指導力があったならば、もっと社交的に未知の人とかかわっていければ、さらに伝道が進み、良き牧会が

なされるだろうと何度思ったことでしょう。パウロは自分のとげが取り去られるように
と、何度も祈りました。しかしそのとげは、なくなることはありませんでした。けれども
代わりに、そのマイナスをチャラにするほどの力を与えると神に言われたのです。

牧師仲間に、いわゆる弱い人がいました。すぐに落ち込み、体調を崩し、悩むのです。けれども彼が語るとき、輝くような恵みの説教をし、多くの人々を励ましたのです。パウロも自分の弱さのただ中で神に助けられる経験をしました。またその弱さゆえに、彼には常に助け手が与えられていました。弱さゆえに悩みますが、何とか乗り越えていきます。パウロはとげがあったから、あれだけの大きなことができたのかもしれません。神の視点から見れば、私たちの弱さは単に取り去るべきものではなく、神に頼るための賜物であり、神の力を経験するためのツールなのだと思います。

「わたしの恵みはあなたに十分である。わたしの力は弱さのうちに完全に現れるからである。」

コリント人への手紙第二 12章9節

二つのセンサー

神様、私たちの葛藤の一つは、あなたに愛されようとする思いと、人に愛されようとする思いの間にあります。世の中には他人にどう思われようとそれほど気にしない人もいるようですが、私たちの多くは人の評価を自分の価値判断にしてしまうのです。私は弱く、あなたに愛されることよりも人に好かれることを選んでしまいます。主よ、どうか私をまず第一に、あなたのみこころに従う者とさせてください。そして、あなたに愛されることをまず求める者とさせてください。

ある種の人々は人との関係をとても重視します。何よりもそれが優先されます。そのような人は構築された人間関係を傷つけるのを極度に嫌がり、自分の人間関係を良好に保つことにすべての力を注ぎます。自分の価値基準をそこに据えているのです。

平和がその人のモットーです。その人は争いが嫌いです。人の悪口は言われるのも嫌ですし、言うのも嫌です。とにかく物事が波立つのを恐れるのです。私自身、そのような部類の人間です。時々そんな自分が嫌になります。神との関係よりも人との関係を優先していると思えるからです。

別の人々は人間関係を最優先にしていません。人とぶつかっても嫌われても平気に見える人々です。いや、本当は平気ではないのでしょう。でも、自分の信じることのためには人に嫌われるのを厭《いと》わないのです。そんな人が羨《うらや》ましいと思います。自分の平和主義は別名「事なかれ主義」、さらに言うと「人に愛されたい主義」です。

もちろん、神に愛されることと人に愛されることが一致している場合も少なくありません。人に親切にすることは、相手に喜ばれますし、隣人を愛するようにお命じになる天の父もお喜びになることです。仕事や学問に精を出すことは基本的に良いことですし、神様も喜ばれるでしょう。けれども一致しない場合もあります。今、目の前にいる人の願いと神の願いの間に明らかに食い違いがあるとき、あえて神の望むことができるでしょうか。目の前の人の愛情を拒否して神のみこころを語ったり、行ったりできるでしょうか。

私たちの心にはセンサーがあります。人へのセンサーと神へのセンサーの二つです。人へのセンサーとは、自分が他人にどう思われているか、人に受け入れられているか、好かれているか、喜ばれているかに反応するセンサーです。これがとても敏感であれば、常に百パーセント好かれているという状態でないと警告音を発します。警告音が鳴れば、何とか人に取り入って、自分が受け入れられるために涙ぐましい努力をするのです。

あなたがこの敏感なセンサーをお持ちで、人を指導する立場にあれば大変です。あなたの真正な思いや考えは問題にならず、とにかく人との平和な関係を保つことを大目的としてあなたの行動や言葉が作られてしまうからです。そこであなた自身のうちに葛藤が生まれるのは当然です。すべての人に好かれる方法はないのですから、あなたは統一性のない行動をとるでしょう。

あなたが少しばかり人間関係に熟練している人であれば、皆の妥協点を見いだし、人々を説得するかもしれません。けれどもあなたの究極的目的は、全体の益のことよりも皆に嫌われないことですから、どこかに無理が生まれます。あなたはとても悩むでしょう。最悪の場合、あなたはパニックを起こします。センサーの警告音を止めるためにあなたはあらゆる行動に出るでしょう。でもそのような行動は結局、人からの信頼と尊敬を失ってしまうことが多いのです。

人間のうちには神へのセンサーもあります。神のことばに反応し、神のみこころを求めるセンサーです。このセンサーは神によって備えられていますが、残念なことに少々さびついています。壊れかけていることもあります。うまく作動しないこともあるのです。このセンサーが、本当はその人の価値基準を作るのです。人からどう思われようと、神のみこころを行おうとするセンサーです。もちろん人へのセンサーも無視してはいけません。人の言葉に耳を傾け、人の気持ちに配慮するセンサーは不可欠です。けれども神へのセンサーがまず優先されるべきなのです。このセンサーは日ごとに使っていないとだめになる一方です。祈りとみことばによる黙想が、このセンサーを強化する唯一の方法です。

「わたしよりも父や母を愛する者は、わたしにふさわしい者ではありません。わたしよりも息子や娘を愛する者は、わたしにふさわしい者ではありません。」

マタイの福音書10章37節

ありのままの自分と　演じている自分

神様、私は私なりに頑張っているつもりです。けれども、自分でない自分を演じているようで苦しいときがあるのです。主よ、私をあわれんでください。あなたに与えられた、ありのままで生きることが喜びとなりますように。あなたはこんな私を覚えて愛してくださっています。どうか私を偽りの自分から自由にして、心からあなたを愛し、隣り人を愛していくことができるようにお守りください。

自分が何者であるか、どういう人間であるか、自分はどんな顔をしているか、何度自分に問いかけたことでしょう。「パーソナリティー」のもとの言葉の意味はマスク、つまり仮面です。人と会っているとき、私たちは大抵、自然なありのままの顔をしていません。自然な人の顔を見たければ、道行く人の何気ない顔をごらんなさい。朝、駅に向かっている人の顔は、眠そうな表情もあれば、すでに疲れたようすの人もいれば、緊張している人も見えます。一人で道を歩いているときは自分が見られているなんて思いませんから、心の中のありのままの姿を顔に出しているのです。みな、実に興味深い顔をしています。
人と会っているときは、それに合わせた顔をしています。ある中学生が言っていました。自分は学校では学校の顔をしている、家では家の顔をしている、教会では教会の顔をしている、自分の本当の顔はどんなだか分からなくなってしまった！　そうなんです。いつも仮面をかぶっていると、自分の素の顔がどんなものであったか、私たちだって分からなくなるのです。

二十年ほど前、私は顔面神経麻痺という病気を患ったことがあります。顔の半分の筋肉が動かなくなったのです。それは突然起こりました。朝、起きて歯を磨いていると、口から水がピューーピューーこぼれます。おかしいなと思って鏡を見ると、顔の半分が死んだようになっていました。片方の目のまぶたが半開き状態で、それ以上開けることも閉じることもできません。笑顔を作ってみると顔の半分がだらしなく垂れ下がっています。医者に診てもらうと、原因不明の顔面神経麻痺という診断。半年くらいで改善されるだろうが、ちゃんと治るかどうかは分からないと言われました。まばたきができないので目が痛まないように指で強制的にまばたきをさせるとか、夜はテープで目を閉じるとか、食べるときは口を手で押さえながら食べるとか、さまざまな不便がありましたが、私にとって最大の悩みは、人前で顔が作れないことでした。笑顔ができません。無理に表情を作ると顔が歪みます。これは精神的に苦痛でした。文字どおり人に良い顔ができないのです。

教会でさまざまな人と会います。初めて出会う人も少なくありません。相手に良い印象を持ってもらうために、笑顔ができなくなるという事実は自分をどれだけ不安にさせるかが分かりました。私は出会う人、出会う人に、私は病気で無表情になっています、本来はもっとましなんです、と言いたくなりました。ありのままの姿では不安なのです。

日本人は自己肯定感が低いといわれます。数年前に内閣府から発表された若者の意識調査がありました。自己肯定感についての日本、韓国と、欧米を含む七か国の比較調査です。「自分自身に満足しているか」という質問にイエスと答えた若者が、日本以外の国ではすべて七〇％以上だったのに対して日本は断然低く四〇％台でした。日本人の半分以上は、ありのままの自分が好きではないのです。私自身も基本的に自己肯定感は低いのだと思います。だから顔が半分動かなくなったとき、大きなストレスになったのです（幸い三か月ほどでほぼ以前の状態に戻りましたが）。生まれもっての性質、育った環境、文化によって自己肯定感には差異があります。総じて自己肯定感は高いほうが健全だといわれますが、これが低い人は少なくありません。

私たちの身についた自己肯定感の高低にかかわらず、私たちを肯定してくれる存在があります。私たちの真の自己肯定感の根本は、創造主にあるのです。神はご自身が創造されたものを「これで良し」とされました。神は常に私たちに語りかけておられます。あなたをわたしが造った。そのままのあなたが大事なのだ。あなたが思う以上にわたしはあなたを愛している、あなたが苦しむときは私も苦しみ、あなたが喜ぶときはわたしも喜ぶ。罪の支配するこの世界では、自然な自己肯定感は病んでいるのです。だからこそ私たちは自分の価値を、自分の感情を基準にするのではなく、神のことばを基準にするのです。

神はご自分が造ったすべてのものを見られた。見よ、それは非常に良かった。

創世記1章31節

ふり返る祈り

神様、一日のことをふり返りますと、胸が痛む部分があります。嬉しい部分もあります。主よ、あなたとともに私の過ぎ去った時を思い返します。私の心配なこと、あなたにゆだねます。私の手の届かなかったこと、あなたにゆだねます。私の誤っていたこと、悔い改めます。そんな中に、あなたからの恵みを見いだします。主よ、今、思い悩む私をお支えください。

何の変哲もないような一日も、実はたくさんのことを私たちは経験しています。学校や会社でさまざまなことを見たり、聞いたりします。勉強や仕事をする中で、さまざまな人との出会いやかかわりを経験します。嫌な人から嫌な言葉を浴びせられることも、好きな人から嬉しい言葉をもらうこともあります。表面上は同じような繰り返しでも、実際には毎日違ったことを経験しています。家庭では、朝起きて、食事の用意をし、夫（妻）や子どもたちを送り出し、家事を片づけていく。子どものことで学校に行くこともあったでしょう。さまざまな感情がそこでは交差しています。職場では苦手な上司とのやり取りがあり、難しい商談があったかもしれません。落ち込んでいる部下を励ましたかもしれません。夫婦の会話の中では相手の態度や言葉がカチンときたこともあったかもしれません。それらの出来事は時とともに過ぎ去るけれども、消え去ったわけではありません。それらは私たちの体や心のうちに沈殿して、今の私たちに大きな影響を与えるのです。

もし神が私たちに語りかけるお方ならば、私たちの日ごとの経験から私たちに何かをお語りになっているのに違いありません。感謝すること、悔い改めること、人との関係や自分の仕事を見直すことなどを、神は私たちに伝えようとなさっています。つらく悲しい経験の中にも、私たちへの神のメッセージが含まれています。それらに耳を傾け、神のみこころを求めることは、神様から与えられた日常の経験を無駄にしないということです。過去の経験が今の私たちを養い、未来へとつなげていきます。

しばしばふり返ることを通して、神は私たちに今自分がどこにいて、どこに向かっているかをお示しになります。私たちは目的地に向かって旅をしているとき、地図を見ることがありますね。その地図がどんなに正確なものであっても、自分の位置が分からなければ何の役にも立ちません。ＧＰＳなどの機材がなければ、立ち止まって周りの風景を観察し、自分が今来たところを確認して、ようやく私たちは今どこにいて、どこを向いているかが分かるのです。そこで私たちは方向を修正し、自分の目的地の確認ができるのです。

過去をふり返るということは、今の立ち位置を確認することです。自分の頭の中では、この方向に行くのだと考えていても、実は私たちの行動や感情が伴っていないことがあります。考えていることと、やっていることの食い違いがあるのです。自分の頭の描いている方向とは違ったところに向かっていたりします。ふり返りは、そのような自分を気づかせてくれます。

主との交わりの時間は、しばしばデボーションと呼ばれます。それは本来「献げる」という意味です。自分をふり返りつつ祈ることとは、神に献げる時間の大事な要素の一つだと思います。呼吸を整え、背筋を伸ばし、一日の終わりに（あるいは翌朝）一日の出来事を思い返します。その時々の感情が湧き上がってきます。ドキドキしたこと、不安だったこと、そして嬉しかったこと、怒ったこと、イライラした気持ちを見つめます。そして一つ一つの事柄を主にゆだねる祈りをします。詩篇の著者は私の心を探ってくださいと祈っています（詩篇139・23、24）。主はすでに私のことをすべてご存知ですから、ご自身のために今さら探る必要もないでしょう。それは私自身のためです。主の目をもって、自分の心をふり返るのです。

ふり返りの際に障害となるのが、思い煩いです。自分の弱いところ、繊細な部分に何かがはまると、そこから脱け出せなくなって私たちの思いがそこだけに留まってしまうのです。ヘンリ・ナウエンは思い煩いとは大抵、過去の後悔と未来への恐れから来ていると言っています。「私は実はこうするべきだった」、「もし、こうなったらどうしよう」という思いが、私たちの心を支配してしまうのです。ナウエンはそのようなとき、過去と未来は主にゆだねて、「今」という時に思いを集中することを勧めています。神は現在の主です。今、ここにいて私を守られる主を信頼するのです。今、私の手をとって導いてくださる主は、過去の思い煩いから私を引き出し、未来へと導いてくださるのです。

神よ　私を探り　私の心を知ってください。
私を調べ　私の思い煩いを知ってください。
私のうちに　傷のついた道があるかないかを見て
私をとこしへの道に導いてください。

詩篇139篇23節

一羽のすずめ

神様、今朝、家の前で一羽のすずめを見ました。雨上がりの朝日をいっぱいに浴びてせわしそうに動いていました。天の父は空の鳥を養われるというイエス様のことばを思い出しました。すずめは何の成果もあげなくても、何の実も残さなくても、ただ素直に精いっぱい生きているだけで天の父は喜んでおられます。どうぞ、主よ、私もこの太陽のようなあなたの恵みを受けて、心煩うことなく、与えられているいのちを精いっぱい生きるようにお支えください。

「結果を残せ!」「成果をあげろ!」 私たちはそのような声を聞きつつ、生きてきました。確かに必死に勉強しても、テストの結果が一点も上がらないなら、願う学校に入ることはできません。営業を汗かいて頑張っても、成績が上がらなければ評価されませんし、赤字が続いてしまったら、その会社は立ち行かなくなります。商品を売る努力を必死にしても、実際に売れなければ店は潰れてしまいます。

「一生懸命やっているんです！」と言えば、「おまえは甘い」と言われます。「他の人はおまえの何倍も頑張っているのだ」と説教されます。世の中は厳しいのです。教会の中にもその声は聞こえてきます。「クリスチャンとしての実を残しなさい」「実を結べないのは、祈りが足りないから」「信仰が足りないから」――だれからも言われなくても、自分の内側でそのような声が聞こえます。

あるいは、「開き直る」という選択肢もあるかもしれません。自分が成果をあげられないのは、環境が悪いから、上司が悪いから、出来の悪い部下をもったから、もっと他の部署ならば自分の才能や努力が発揮できるのに、と口に出さなくても心で思ったりします。そして少しばかり、うっぷんを晴らすのです。実際に、本当に環境が変われば違いがあるのかもしれません。しかし、他人を責めるのも結局、自分を責めていることの裏返しです。「結果を残せ！」の声が反響し、自分が責められるのが怖いので、防衛線をはって他人を責めるのです。

これらの心の動きの根底にあるのは、「成果が自分の価値を決める」という世の中の思想です。実がなければ自分には価値はない。そうだとしたら、私たちの生きているという価値は何と揺らぎやすいものでしょうか。有名大学に入るために必死に勉強をした。完璧に準備した。けれども試験前夜にインフルエンザで高熱を発し、結果は惨憺《さんたん》たるものだった。不況の嵐が襲って会社が倒産。残ったものは借金だけ。結婚生活に危機が訪れて、それなりにがんばったけれども破綻に終わった。すさまじい虚無感、絶望感に襲われます。自分は価値がない、自分はモノだ。「結果」イコール「私の人生」だとしたら、これほど不安定な価値観はありません。

実をみのらせることに意味がないと言っているのではありません。聖書は確かに実を結ぶことの重要性も説いています。いわく、「わたしがあなたがたを選び、あなたがたを任命しました。それは、あなたがたが行って実を結び、その実が残るようになるためです」、いわく、「良い木はみな良い実を結び、悪い木は悪い実を結ぶ。……あなたがたは彼らを実によって見分ける……」。「御霊の実は、愛、喜び、平安、寛容、親切、善意、……です」。最後の句などを読んで、赦せない自分や愛せない自分、平安がない自分は心底だめだと思ってしまうかもしれません。イエス様は私が実を結ぶために遣わしたのに、実を結べない自分はダメだ。結局、自分は自分の実によって判断されるのか。

けれども、これらの解釈は世の中の「見える結果イコールあなたの価値」という思いに支配されて生まれてくるものです。「行って実を結び」とは主イエスにつながる枝として実を結ぶことです。イエスの恵みがあなたという人生を通して実を結ばせるのです。それは、目に見える世の中的な成果ではないかもしれません。けれども「実」は、イエスとの交わりの中から自ずと結ばれるのです。たとえあなたがどんな破たん状態になっていようと、絶望状態になっていようと、イエスにつながっていることの実は結ばれていくのです。

実がどう判断されるかということから、外見を重んじることへの警告を聞き取ります。自分の地位や身なり、身分で自分を偉いかのように振る舞っている人々は、身分の低い、貧しい人、社会的に弱い人々を蔑んでいます。人は外見や身分や人種によって判断されるのではなく、そこから生み出される実によって判断されるべき。いかにあなたが金持ちで重要な地位にいようとも、貧しい人が仲間に寄せる愛と親切な行為は、あなたよりもまさっている、というのがイエスの言いたいことです。
ですから主イエスは、空の鳥や野の花を指して、彼らには何の収穫もないし、実も残さない。野の花はぶどうの木やオリーブの木と違って、人の役に立つ実など作れない。けれども父なる神は彼らを愛《いと》しみ、喜んで養ってくださると言うのです。世の中の価値観から見ればすずめや草花など大して価値のないように見えるものを、神様からご覧になれば、彼ら自身が創造の実であり、愛すべき存在なのです。彼らが神の恵みを受けて精いっぱい生きているということが、神の喜びなのです。人の役に立つ実を結ぶことも大事です。けれども何よりも、神はあなたの残す成果よりも、あなた自身のいのちを慈しんでおられるのです。

「空の鳥を見なさい。種蒔きもせず、刈り入れもせず、倉に納めることもしません。それでも、あなたがた天の父は養っていてくださいます。あなたがたはその鳥よりも、ずっと価値があるではありませんか。」

マタイの福音書6章26節

余計な仕事

神様、私の人生で、あってはならないもの、なくてよいと思うものがいかに多いことでしょう。けれども、本当はそうではありませんでした。余計なものと思っていたものが、実は私のささやかな使命の一つでした。なぜ余計なことが起こるのかとつぶやきましたが、その余計なことこそ、私の小さな賜物と労が用いられるときでした。主よ、お願いします。私の周りで起こるさまざまなことの中に、あなたの栄光と恵みを見させてください。あなたの細やかな慈しみに忠実であらせてください。

余計な仕事と思うものが、いかに多く私たちの上に起ってくることでしょう。子どものころ、よく母親に怒られたものです。部屋を散らかしたり、料理が載った皿を床に落としてしまったりしたとき、「もう、余計な仕事を増やさないで!」とイライラした口調で言われました。母は家事と仕事で毎日、本当に忙しくしていたので、壊れた皿、汚した床を見てうんざりしたのです。大人になった私は、母親の気持ちがよく分かります。出がけにかかってくる電話があります。忙しく動いているときに突然訪ねて来る人がいます。目標を掲げて前に進もうとするときに、足を引っ張られることが起こります。「もう！　何でなんだ」とつぶやきます。まったく、あのときの母親そっくりです。

ある日の午後、私は部屋でその晩の祈禱会で語るみことばの準備をしていました。それまで大変忙しかったので、十分に準備する時間がなかったのです。私は相当焦っていました。そのとき突然、部屋のドアが開き、一人の若い男性が入ってきました。その人は何事につけ心配性の人で、しばしば電話をかけてきたりします。彼は椅子にすわって、近くに置いてあったチョコレートを見て「これ食べていい？」と聞いてきました。「いいよ」と言うとムシャムシャ食べ始めました。彼が私と話がしたいことは明白です。私は内心、「こんなときに邪魔してほしくないなあ」と思いました。よほど「今はとても忙しいから、また後で来なさい」と言おうかと思いました。そう言っても支障のない信頼関係はあると感じていたからです。けれども別な考えが浮かんできました。私は深呼吸をし、「どうした？　何かあったの？」と聞きました。彼は今悩んでいることをボソボソと話しだしました。私は話を聞き、一言二言答えて、短くお祈りをしました。彼は、「あー、先生とお話しできてよかった。安心しました。ありがとうございました」と言って、本当にホッとしたようすで帰って行きました。全部で十分もなかったでしょうか。私は再びメッセージの準備を始めましたが、そのとき思いました。あんなに安心したようすで帰って行って良かった。今の予期していなかった仕事の中断は、ひょっとして、メッセージの準備をするいう本来の私の仕事よりも貴重な仕事そのものではなかったのではないかと思ったのです。

「靴屋のマルチン」というロシアの文豪トルストイが作った童話をご存じでしょうか。妻も息子も亡くして一人ぼっちの靴屋のマルチンは、あるときイエスの声を聞きます。それは翌日イエスが彼のところに訪れるというものでした。彼は喜んで部屋を掃除し、パンを焼いたりスープを作ったりと準備をします。そして当日は、朝から部屋を暖かくして仕事をしながら待ちわびていました。ところが、予期しない出来事が立て続けに起こって彼の準備が中断されます。雪かきをしている老人を窓から見かけて、彼があまりに寒そうでつらそうなので、老人を部屋に招き入れ、せっかくイエス様のために準備をしたスープですが一杯ご馳走し、十分暖かい部屋で休ませてから外に送り出します。次は薄着の女性が寒空の中、泣いている幼子をあやしながら道を歩いているのを見かけます。今度もマルチンは彼女を呼び止め、部屋に招き入れスープとパンを提供し、亡くなった妻のショールを与えます。女性は元気になって出て行きます。次にリンゴを盗んだ男の子を叱りつけているリンゴ売りの老婆を見かけます。今度もマルチンは二人に声をかけて部屋に入れ、食事をさせて二人を仲直りさせます。そのうちに日もとっぷりと暮れてしまい、とうとうその日はイエス様はいらっしゃいませんでした。マルチンは寂しい想いを抱きながら寝る支度をします。するとイエスの声が再び聞こえます。その声は、マルチンが招き入れた三組の客は実はイエス自身だったのだと語るのです。イエスは、マルチンのもてなしがとても嬉しかったとお礼を言われるのです。

マルチンはその日、特別な目的を持っていました。それは主イエスをもてなすという尊い仕事です。そのために周到な準備をしました。ところが、それが中断される事態が起こったのです。それでもマルチンは彼らを無視することなく、時間と労と食物を献げました。予期しない出来事で、マルチンの心の隅では「余計な仕事」という思いがよぎったかもしれません。けれども、その余計な仕事と思えたそのものが本業だったのです。私たちも、ビジョンや目標を掲げて前進します。それを留まらせてしまう事態が起こったとき、私たちは余計なことと考えがちです。ところがそれこそ、私たちが主の前に期待されている務めそのものの可能性大なのです。

誤解しないでください。けっして目標に向かって働くことやビジョンを抱くことは価値が小さいと言っているのではありません。ビジョンを持つことは意味のあることです。自分はそもそも何に向かっているかを意識していることは、常に大切なことです。けれども図らずも通らされる脇道には、神様の素晴らしい栄光を現すものが隠されているのです。

「これらのわたしの兄弟たち、それも最も小さい者たちの一人にしたことは、わたしにしたのです。」

マタイの福音書25章40節

最も大きな罪

神様、私たちは何と頑なで自分の非を認めない者でしょう。すべてが明らかになっても自分が悪いとは思えないのです。主よ、他人事ではありません。私のことです。ダビデにナタンが遣わされたように、私に聖霊が働いてください。罪の深刻さを私に自覚させ、心からの悔い改めへと導いてください。あなたは悔いた砕けた魂を軽しめないからです。

罪の罪たるゆえんは、自分の罪に気がつかないことです。主イエスはパリサイ人たちの偽善を厳しく批判されましたが、彼らは自分で自分の罪に気がついていませんから、することはすべて偽善くさくなるのです。人を傷つけておきながら、それには全く気がつかず、自らを愛の人と評していれば、それは偽善の最たるものです。罪人の特徴は、自分の罪を知らないことです。イエスは言われます、あなたがたは自分の目の中にある丸太には気がつかないで、人の目の中の塵を気にしていると（マタイ7・3）。

罪人の最大の問題は、自分の罪の深刻さを悟らないことです。先日、「教誨師」という映画を観ました。牧師である教誨師が物語の主人公で、六人の死刑囚と面談をするのです。死刑が確定しているわけですから、みな複数の殺人を犯しています。彼らは一様に死を恐れていますが、一人を除いて自分が本当に悪いことをしたとは自覚していません。基本的に相手が悪いのです。自分をそこまで追いやった社会や家族が悪いのです。死刑囚でなくても、私たちは人から傷を受けたことは忘れませんが、人を傷つけたことは見事なほどに忘れています。嘘をついているのではなく、本当に覚えていないのです。何十もの家に空巣を働いた泥棒は、どこの家に入ったか覚えていないかもしれませんが、入られた被害者は忘れるわけがありません。物を盗られただけではなく、他人に自分の家が侵入された恐怖感など、泥棒に分かろうはずがありません。

ある人が何十年ぶりかの小学校の同窓会に行きましたが、自分を何度もいじめた同級生たちと会うのが気になっていました。彼らの蔑みの言葉、いじめの行為は何十年たっても忘れません。さすがに今では思い出しても平気になりましたが、少しばかりはちくりと痛みます。彼らと会ったとき、昔のことについて何か一言があるかと思っていましたが、何もありませんでした。それどころか、何の屈託もなく話しかけてくるのです。彼らは何も覚えていないのです！　いじめや暴力、さまざまなハラスメントをした人は、自分のしたことの深刻さが分かりません。だれしもその無知から逃れることはできません。公平に考えて、自分もだれかに害を及ぼしたと考えて間違いないでしょう。多少の例外を別にして夫婦関係にも当てはまると思います。

聖書には、罪と咎《とが》という言葉が出てきます。同じ意味として扱われることが多いですが、咎は特に自分で意識していない過ち、あるいは罪の傾向性を指すと思われます。私は、人が人を傷つけるのは圧倒的に咎という罪ではないかと思います。人を苦しめてやろう、貶めてやろうという意識的な罪はもちろん深刻な罪ですが、そう多くはなく、私たちの犯す多くの罪は咎の罪ではないかと思います。人を支配しようとする欲望、力で抑えつけようとする考え、自分が絶対に正しく、他の人の声に耳を傾けようとしない頑なさ、これらはしばしば偽りの正義感の上に成り立っています。つまり正しい行為をしているつもりで、実は自分の欲望や野望心を満足させるためのものであったりします。

私たちの良心は完全な形からはほど遠く、中途半端なものです。ダビデは正義感あふれる人でした。自分のいのちを狙い続けるサウル王を倒すチャンスがありながら、決して手をかけることはしませんでした。しかしそのダビデが、後に自分が王になると姦淫と殺人という目を覆いたくなるような罪を犯したのです。しかもその罪を隠し続け、預言者ナタンが厳しく指摘するまで、悔い改めることをしなかったのです。

どうやら私たちの罪は、それを隠そうとし、それがばれるまで黙っていようとする特徴を持つようです。明るみに出て初めて、自分の罪の深刻性に気がつくのです。私たちの良心も、罪の自覚も、また悔い改めも、何と中途半端なものでしょう。何をするにも、私たちは中途半端なことしかできないのです。正しいことをするにも中途半端、悔い改めさえも中途半端なのです。それを自覚することが、へりくだるということだと思います。感謝なことに、そのような中途半端な信仰でも、中途半端な悔い改めでも、それが精いっぱいのものであれば、神は受け止めてくださるのです。

神へのいけにえは　砕かれた霊。

打たれ　砕かれた心。
神よ　あなたはそれを蔑まれません。

詩篇51篇17節

試みにあわせないでください

神様、試練は絶えずやって来ます。困難がない人生はありません。けれどもどうか、あなたへの希望を失わせる試練にはあわせないでください。むしろ試練があなたへのつながりを強くさせますように。また、兄弟姉妹との絆《きずな》を壊してしまうような試練にあわせないでください。むしろ試練が私たちの結束を強くし、固く結び合わせられますようにお導きください。

毎週日曜日の礼拝で「主の祈り」を唱える教会は多いことでしょう。けれども、ふだんの祈りの中でこの祈りをしている方は、むしろ少ないかもしれません。「私たちの日ごとの糧を、今日もお与えください」と「主の祈り」で祈りますが、果たしてふだんの祈りの中で、「神様、今日も食いはぐれることがありませんように。ちゃんと食べられますように」と祈る人は、現在の日本の中でどれだけいることでしょう。

同じように、「試み（試練）にあわせないでください」という祈りを、そのまま祈る人はどれほどいるでしょうか。私たちは試練のない人生などないことを知っています。この祈りを教えられた主イエスご自身も、大きな試みをお受けになりました。だから「試練がないように」などと祈ることは意味のない願いだと思うかもしれません。けれども主イエスは、みんなで唱和するためだけに「主の祈り」を教えられたのではありません。日ごとの生活の中でこのように祈れ、と言われたのです。

神様、今日も誘惑にあわせないでください。困難なことにあわせないでください。イエス様はそう祈れとおっしゃるのだから、私たちはそう祈るべきでしょう。これは私たちのうちにある切なる願いです。それでは、どのような試練にあわせないでくださいと、私たちは祈るべきでしょうか。言い方を変えれば、私たちはどんな試練を最も恐れるでしょうか。

それは神への信頼を失わせるような試練です。身体の試練であっても、精神的な試練であっても、人間関係の試練であっても、神への信仰が堅くされるならば、私たちは恐れることはありません。私たちが恐れるのは、神における希望をなくしてしまうような試練です。そのような試練にあわせないでくださいと祈れと、イエスはおっしゃったのではないでしょうか。試練は私たちの信仰を強くし、神への祈りを強くする要素を持っています。けれども弱い私たちは、必ずしもそうなるわけではありません。私たちの恐れる試練は、神とのつながりを断ち切ってしまうような試練です。

さらに試練は、神と私を引き離すだけではなく、時に人と人との絆を破壊してしまいます。問題が起きても、結束して試練に立ち向かえることができれば幸いです。ところが、問題が起きると互いに責め合い、互いの絆を弱めてしまうことも少なくありません。試練のときこそ、家族が、夫婦が、友人が、教会が、結束して立ち向かうべきです。

ところが、そうならないのはどうしてでしょう？　自分のうちにある不安や恐れを怒りにすり替えて、相手にぶつけるからかもしれません。あるいは自分の責任から逃れようとして、相手に責任を負わせるからかもしれません。非行に走ったわが子を悲しむあまり、夫婦が互いに責め合うかもしれません。教会で問題が起こったときに、牧師や信徒や役員が互いに責め合ってしまうかもしれません。そのような行為は、私たちの痛みの感覚を一時的に麻痺させるかもしれませんが、長い目で見るならば、だれもが不幸になってしまうのです。だから私たちは祈るのです。たとえ試練が襲ってきても、その試練が私たちの神への信仰と互いへの信頼を失わせるような試練とさせないでくださいと。

北朝鮮に拉致された横田めぐみさんのご両親のことを思います。大事な娘さんが行方不明になり、異国に拉致されたことを知ります。わが子が今なお苦しんでいることが分かっていても、子どもを救いに行けません。これほど残酷な試練はないでしょう。それでもお二人がいつもそろって記者会見などに臨み、救援活動を必死になさっている。ご夫婦でそのことをなさっていることで、人々の心に訴えるものが多かったのではないでしょうか。

前述しましたが、試練は時に人間関係に深い溝を作ります。けれども横田さんご夫妻は、この試練の中で深い絆を作っているように見受けられます。ご夫妻の本当の痛みを分かっていない者が勝手なことを言うのを許していただければ、お二人が結束してこの試練に立ち向かっている姿を見て、どれだけ私自身が励まされたことでしょう。

「私たちを試みにあわせないでください。」

ルカの福音書11章4節

あとがき

二十年以上前に、自分の牧会する教会の方々に祈りの言葉を週に二、三回の割合でメール配信することを始めました（最近は一回くらいになってしまっていますが）。教会の皆さんに祈りの習慣をもってほしいという願いから始めましたが、内容は私自身の生活から出てくる願いや訴えです。とっても主観的であり、偏りもあります。ある時期は、懇願が続き、ある時期は感謝が続いたりします（私の場合はどうしても前者がずっと多くなります）。最初は個人的な祈りは他の人は共感できないのではないかと思いましたが、実際は逆でした。自分の経験の深いところを探る祈りは、深いところで他の人とつながるようで、多くの人の共感をいただきました。人から「自分の思っているそのものの祈りでした」という声をよく聞きましたし、「私のことを祈ったのですか？」とさえ言われることもありました。また、あるときは苦悩や訴えの言葉が続くので、「先生、最近大丈夫ですか？」と心配されることもあったりしました。慣れてきた人は「先生は今日も叫んでましたね」とおっしゃいます。

三年ほど前にいのちのことば社の根田さんから月刊誌「いのちのことば」にメール配信の祈りとそれを解説する文章を連載しませんかと提案されました。励まされながら、連載は一年半ほど続きましたが、それがこのたびまとまって本となる運びになりました。本の題名の「ふり返る」は、自分の祈りをふり返りつつ、さらに祈りが養われていくという意味です。自分の祈りを文章にして読んでみると、いろいろと気づくことが多くあります。それを文章にしました。

ふり返るという発想は、ＣＬＳＫクリスチャン・ライフ成長研究会の太田和功一氏から学びました。太田和氏の「静まりのセミナー」にはたびたび参加させてもらいましたが、セミナーの中でかなりの時間を割くのが「ふり返る」時間です。自分の心、自分の祈り、自分の動きをふり返ることによって、今自分がどこにいて、どこに向かうのかなどの大切な気づきが与えられるのです。祈りはもちろん聖霊の働きによって養われますが、家族の祈り、教会の祈りによって支えられます。この小著は、私のために祈ってくださった方々によってできました。感謝いっぱいです。

二〇二〇年一月

斉藤善樹

斉藤善樹

アズサパシフィック大学、東京聖書学院、エモリー大学大学院卒業。家族カウンセリング修士、牧会カウンセリング・神学博士。現在、東京聖書学院教会牧師・東京聖書学院教授。少年期にコンプレックスに悩み、心理学に興味を覚えたのが牧会カウンセリングを志すきっかけとなった。読書、映画鑑賞が好き。キャンプなどのアウトドアも好きで、道具はそろっていつでも行けるのだが、いつまでも行けていない。教会の敷地で時々若者たちと焚火をするのが、最近唯一のアウトドア。様々な弱さを覚えつつも恵みによって歩んでいる。夫であり、すでに成人した娘２人、息子１人の父親。

ふり返る祈り　神に問い 耳を澄ませる

2020年 3 月 10 日　発行

著　者　斉藤善樹
印刷製本　日本ハイコム株式会社
発　行　いのちのことば社
〒164-0001 東京都中野区中野2-1-5
電話 03-5341-6922（編集）
03-5341-6920（営業）
FAX03-5341-6921
e-mail:support@wlpm.or.jp
http://www.wlpm.or.jp/

ISBN 978-4-264-04143-6